お金の流れで読む
日本と世界の未来

世界的投資家は予見する

ジム・ロジャーズ 著／大野和基 訳

Jim Rogers / Ohno Kazumoto

PHP新書

本書は、日本、そしてアジア各国の読者に向けて、特別にロングインタビューを行い、刊行されたものである。インタビューはシンガポールにあるジム・ロジャーズの自宅で行われた。

はじめに

「お金の流れ」を掴むには

私は常に、歴史の流れを踏まえながら、数年先を見るようにしている。歴史の流れは、先を読む力、とりわけお金がどう動くかという未来を教えてくれる。**成功したければ、将来を予測しなければならない。**投資家だけではない。ミュージシャンであれ、サッカー選手であれ、会社員であれ、どんな世界でも成功したければ先を読むことが重要だ。私が二〇〇七年に家族でシンガポールへ移住したのも、来る「アジアの世紀」を見越してのことである。

私が歴史を学ぶことの大切さに気づいたのは、アメリカのイエール大学を卒業し、イギリスのオックスフォード大学の修士課程で学んでいた時である。イエールではアメリカ史とヨーロッパ史を、オックスフォードではイギリス史を専攻していた（恥ずかしいことに、当時の私はアメリカとヨーロッパが世界のすべてであると思っていたからだ。いかに無知であったかが、いまならわかる）。

ともかくイギリス史を勉強していた時、ふと、過去に起きたものとよく似た出来事が、繰り返し起きていると気づいた。のちに、ニューヨーク・ウォール街の投資業界で働き始めた時にも、同じことを感じた。お金、つまり資本の動きは、過去にも似たような動きをしているものだと気づいたのである。

それ以来、数十年にわたって日本や中国をはじめとするアジアの歴史、その他地域の歴史も学ぶようになった。そして、世界一周旅行に二度出かけて、世界各地で起きていることを実際にこの目でも確かめた。自著にも記《しる》しているが、一度目はバイクで世界六大陸を走り、二度目はメルセデスで一一六カ国、二四万キロを走破した。歳を重ねて、世界のことがさらに理解できるようになったと言えよう。

こうして歴史から「お金はどう動くか」ということを学んでいたおかげで、私はこれまでに、**リーマンショック、中国の台頭、トランプ大統領の当選、北朝鮮の開国など、数多くの出来事を事前に予想することができた**のだ。

歴史は韻を踏む

重要なのは、「歴史は韻《いん》を踏む」ということである。これは作家マーク・トウェインの言葉だ。世界の出来事のほとんどは、以前にも起きている。まったく同じ出来事が起きるわけではないが、何かしら似た形の出来事が、何度も繰り返されている。戦争、飢餓、不況、外国人迫害、貿易戦争、移民問題——。これらの問題は、形を変えて何度も起きているのだ。

現在と類似した問題が以前どのようにして起きたのかを理解すれば、現状がある程度把握できる。それがどのような結末になるかもわかる。よく「歴史は繰り返す」と言うが、まったく同じことを繰り返すのではない。**韻を踏むように、少しずつ形を変えながら反復をし続けるのだ。**

たとえば、一九九〇年代後半から二〇〇〇年にかけて、アメリカではバブルが起きた。住宅と金融を中心にした資産価値が高騰したのだ。不動産業界の人間は案の定、「今度は違う」と言った。日本人はその頃資産をたくさん持っていたものだから、不動産を買うべくすぐさまニューヨークへ飛んでいった。住宅価格がさらに高騰すると安易な考えを持っていたのだろう。

そのようにアメリカ全体がバブル景気で盛り上がっていたさなかは、経済紙の「ウォールストリート・ジャーナル」でさえも、「経済が新時代に突入した」というような報道をしていた。「ザ・ニューエコノミー」という新しい用語を作ってしまったくらいだ。バブルが弾けた後、「ザ・ニューエコノミー」という用語は使われなくなった。何のことはない、アメリカが経験していたのは新経済でも何でもない、単なるバブル経済だったのだから。歴史を学んだ人には、「明らかに前回のバブル崩壊と同じ兆候がある」ということはわかっていたのだが。

一〇〇年前に起きたアメリカのバブル崩壊に学べること

というのもその約八〇年前、アメリカは同じようなバブルを経験しているのだ。一九二〇年代、第一次世界大戦で疲弊したヨーロッパは、かつての勢いを失っていた。代わりに競争力をつけたのがアメリカだ。重工業への投資拡大、自動車産業の躍進、大量生産・大量消費。空前の繁栄を、当時の大統領ハーバート・フーヴァーは「永遠の繁栄」と呼んだ。「新時代」「黄金の二〇年代」という言葉も生まれた。しかし実際のところは、「永遠」でも何でもなく、ただのバブル景気に過ぎなかった。ほどなくニューヨークのウォール街で株価が暴落し、それが一九二九年からの世界大恐慌へと波及する。

日本でも一九八〇年代末、大型のバブルが生じた。歴史を学んだ人なら誰でもバブルだとわかるくらいの、はっきりしたものだった。しかし当時、それをバブルだと言う人はほとんどいなかった。日本人だけでなく、外国人も同じような見解だった。日本だけは違う、バブルなどではない、今度こそは違うと言い張っていたのだ。**「今度は違う」というセリフは、危険な兆候である。**投資の世界では、すこぶる注意しなければならない。歴史上、「今度は違う」ということは絶対にないのだから。「今度は違う」というのは、歴史の知識がない人が使う言葉である。

人と同じ思考をするな、変化に対応せよ

人と異なる考え方をすれば、他の人には見えないものが見えてくる。それが成功への第一

歩だ。もし、周りから自分の考えを馬鹿にされたり、笑われたりしたら、大チャンスだと考えればいい。**人と同じことをして成功した人は、いまままでいない**のだから。

そして最も重要なのは、そうして韻を踏みながら変化を続ける時代の流れに合わせ、自分も変化できるようにしておくことである。時代がどう変遷しているかを肌で感じ、それに順応することだ。

人は歳を重ねるごとに、変化に順応するのが難しくなる。しかし、あなたがたとえ四〇代ですでに仕事上の地位を確立していたとしても、**変化を拒んでいればいずれ職を失う**ことになるだろう。

本書では、私なりの、「歴史に立脚して先を読む」方法と、時代に順応する術《すべ》について解説している。読者の皆さんの助けになれば幸いである。

ジム・ロジャーズ

お金の流れで読む　日本と世界の未来

目次

はじめに

序章　風はアジアから吹いている——ただし、その風には「強弱」がある

第一章　大いなる可能性を秘めた日本

第二章　朝鮮半島はこれから「世界で最も刺激的な場所」になる

第四章 アジアを取り囲む大国たち――アメリカ・ロシア・インド

第五章 大変化の波に乗り遅れるな

第六章　未来のお金と経済の形

おわりに

英文校正・構成協力　大井美紗子

序章

風はアジアから吹いている
——ただし、その風には「強弱」がある

アメリカの田舎に生まれ、決して裕福ではない少年時代を過ごしたジム・ロジャーズは、英米の超名門大学で歴史を学び、思考力の基礎を養った。その後、ウォール街に飛び込み、ジョージ・ソロスとともに伝説のヘッジファンド「クォンタム・ファンド」を立ち上げ、一〇年で四二〇〇パーセントという驚異的な利益を上げることになる。

ミクロとマクロ、二つの視点から「お金の流れ」を見抜く目を持った、この稀有《けう》な投資家は、その視点ゆえに、リーマンショック、中国の台頭、トランプ大統領当選、北朝鮮の開国に至るまで数々の予想を的中させてきた。

本章では彼の投資哲学とともに、「五年後にアジアで一番幸せな国はどこか?」を考察する。YouTubeのCEO、スーザン・ウォジスキは「五年後の世界がどう変わっているか」を基準に決断を下していると「フォーブス」のインタビューで語っている。本章を読めば、未来の経済の地図を大まかに摑むことができるだろう。

なぜリーマンショック、トランプ大統領誕生を的中させせられたのか

「はじめに」で、私は「歴史からお金の流れを学んでいたおかげで、リーマンショック、中国の台頭、トランプ大統領の当選、北朝鮮の開国など、数多くの出来事を事前に予想することができた」と述べた。

とりわけ**リーマンショックが起こることはその前年から目に見えていたので、その後少なくない利益を得ることができた。**

ある時私は、住宅ローン業務を担う連邦住宅抵当公庫（ファニーメイ）のバランスシートがおかしいことに気づいた。そこで、この公庫の株を空売りしたのだ（空売りとは、近いうちに株価が下がると予想される時に行う、株の売買方式。現在の株価でいったん株を売り、値下がりした時点で買い戻して借りた株を返す。この差額が利益になる）。

ファニーメイだけでなく、シティバンクやその他投資銀行の株も空売りした。テレビに出演して「もうすぐ崩壊が訪れる」ともコメントしたし、周りの投資家仲間にも、金融関係の上院議員にも、「ファニーメイは私たちをペテンにかけているから気をつけろ」と口を酸っ

ぱくして進言した。だが、私の言葉に耳を傾けてくれる人は誰もいなかった。「君は変わっている」「ロジャーズはついに頭がおかしくなった」と言われただけだ。

頭がおかしいと言われるのは、私にとってそんなに珍しいことではない。二〇一六年に、東京で講演をした時もそうだった。「これからは北朝鮮が台頭する」と発言したのだ。あまりに「北朝鮮、北朝鮮」と言ったものだから、あやうく逮捕されそうになったくらいだ。二年後の二〇一八年、状況はまるっきり変わった。「ロジャーズが北朝鮮について話していた時、彼は頭がおかしいと思ったが、いまは彼が正しいことがわかった」と言われたのだ。

二〇一六年のアメリカ大統領選の時のことも、よく覚えている。**大統領選のニュースを見ながら妻と娘二人に、「勝つのはドナルド・トランプだ」と言ったのだ。**そう断言すると、家族はみなひどく腹を立てた。私はトランプ支持を表明したのではなく、あくまで彼が勝つと言っただけなのだが。実際、私は彼には投票しなかった。でも、結果としては私の予想通り、彼が当選を果たした。

私も時々は正しいことを言う。でも私が正しい時、人は私を「クレイジー」だと思っているのだ。本当に成功したければ、人とは異なる考え方をしなければならない。**人と同じように考えている限り、大きな成功を収めることは恐らくないだろう。**

「投資を成功させるためには歴史に学べ」というのが、私のポリシーである。歴史は、世界が常に変化しているということを教えてくれる。あなたの予想を覆すような出来事が、世界では常に起こり続けている。

歴史上のどの年を見ても、その年から一五年後を見ると世界はまるっきり変わってしまっている。一九〇〇年に人々が考えていたことは、一九一五年にはすべて間違っていることがわかる。一九三〇年と一九四五年、一九六〇年と一九七五年……。どの年を見てもそうだ。

いま自分がいる状態を理解しなければ、投資をすることはできない。景気がいい状態なのか、悪化しつつあるのか、それを正確に把握しなければならない。そして現状を理解するためには唯一、歴史を学ぶことだ。

私は以前、アメリカのコロンビア大学ビジネススクールで投資に関する授業を持っていた。そこで学生たちに教えていたのも、歴史からどう将来を予測するか、ということだ。過去に起きた大きな相場の上昇や下落を調べ、その動きは何によってもたらされたのかを探らせる。そうした相場の変化の前に何が起きていたのか、それによって世界はどう変わったのか。こうした分析の訓練をしていくと、大きな歴史とお金の流れから将来の変化を予測できるようになるのである。

「アジアの時代」の到来——世界の負債は西洋に、資産は東洋に

では具体的に、投資市場に目を向けてみよう。歴史が教えてくれるのは、これからは「アジアの時代」が来るということだ。

現在アメリカは、有史上最大の債務国（他国からお金を借りている国）である。世界で一番、それも世界の歴史上最も多くの借金を抱えているのだ。さらに悪いことに、その債務は増え続けている。対外純資産が約マイナス九〇〇兆円（二〇一七年末時点）という数字は、他国に抜きん出て大きい負債額だ（図1参照）。

アメリカが借金を膨らませている一方で、アジア諸国は資産を膨らませ、債権国（他国にお金を貸している国）になっている。この七五年間で、アメリカ・ヨーロッパ・日本から、

図1　主な国・地域の対外純資産

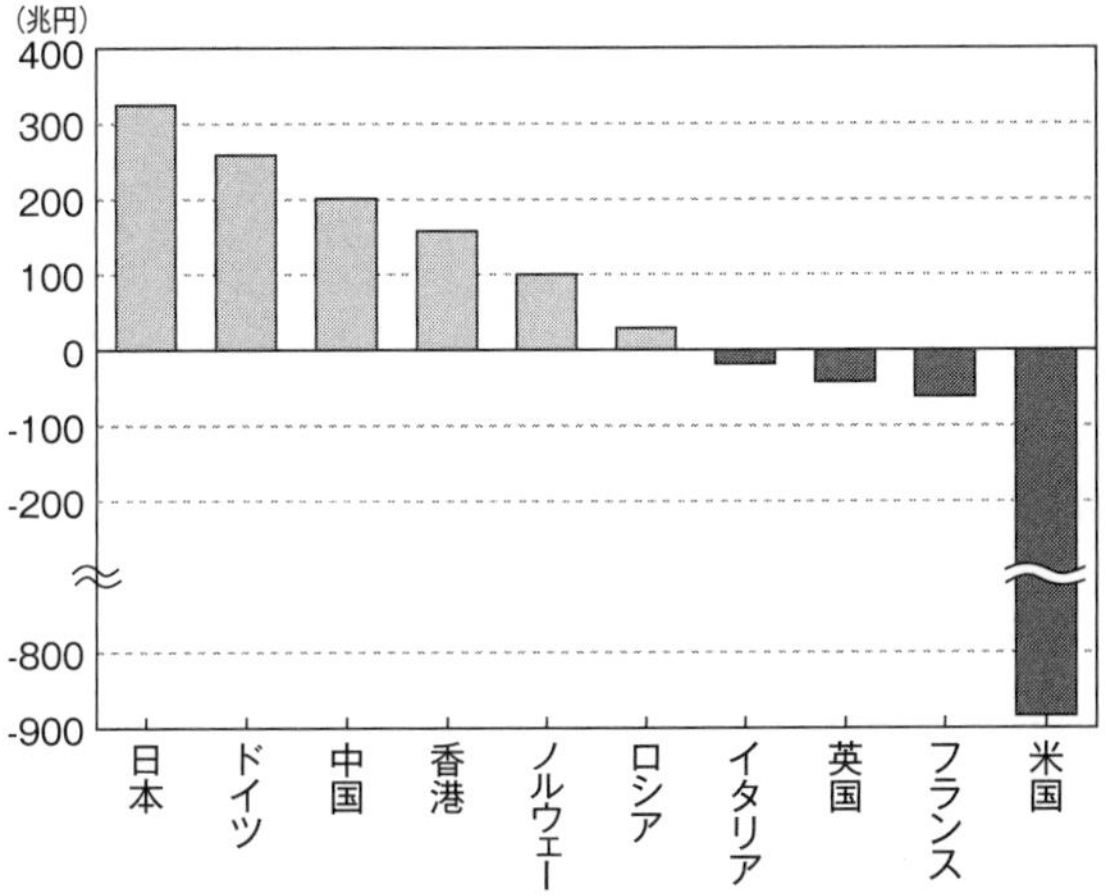

（注）数字は2017年末時点。日本については財務省、その他についてはIMF資料より。
出典：時事ドットコムニュース2018年5月25日記事を元に作成

中国・シンガポールなどアジア諸国への大規模な資本流入が起きた。**現在、世界の負債は西洋に、資産は東洋にある**（図2、図3参照）。

現在、世界で最大の債権国は日本であり、第三位は中国だ。中国にはほんの最近まで債務がほとんどなかった。なぜなら一九七六年に死去するまで最高権力者として力を振るっていた毛沢東が世界から信用されておらず、金を貸してくれる国がどこにもなかったからだ。借金を背負うことなく、中国は莫大な資産を築き上げた。二〇〇八年、リーマンショックに端を発する世界金融危機が起きると、そこから中国は、

図2　日本・中国は外貨準備高で世界1位・2位

ランキング	国	外貨準備高（単位:10億ドル）
1	中国	$3,219.0
2	日本	$1,259.3
3	スイス	$804,3
4	サウジアラビア	$501.3
5	ロシア	$460.6
6	台湾	$459.9*
7	香港	$424.8
8	インド	S403.1
9	韓国	$402.4
10	ブラジル	$379.4

出典:IMF「中国における中央銀行」2018を元に作成

まさかの時のためにずっと貯め込んでおいた資金を使い始めた。膨大な貯蓄を、公共事業を通じて株価上昇のために使ったのだ。中国の資産によって、世界の国はずいぶんと助けられた。

それ以降、中国は金を借りる側に回り、債務を抱える地方自治体、企業、個人が増え始めている。それでも、中国が依然として非常に大きな債権国であることに変わりはない。

韓国も同様のプロセスを辿《たど》っている。過去には膨大な貯蓄があったが、この一〇年、二〇年で借金をするようになった。特に個人の借金が増えている。シンガポール、ロシアなどは依然として強力な債権国である。

日本はどうだろう。対外純資産は、世界第一

図3　世界の経済的重心の進化

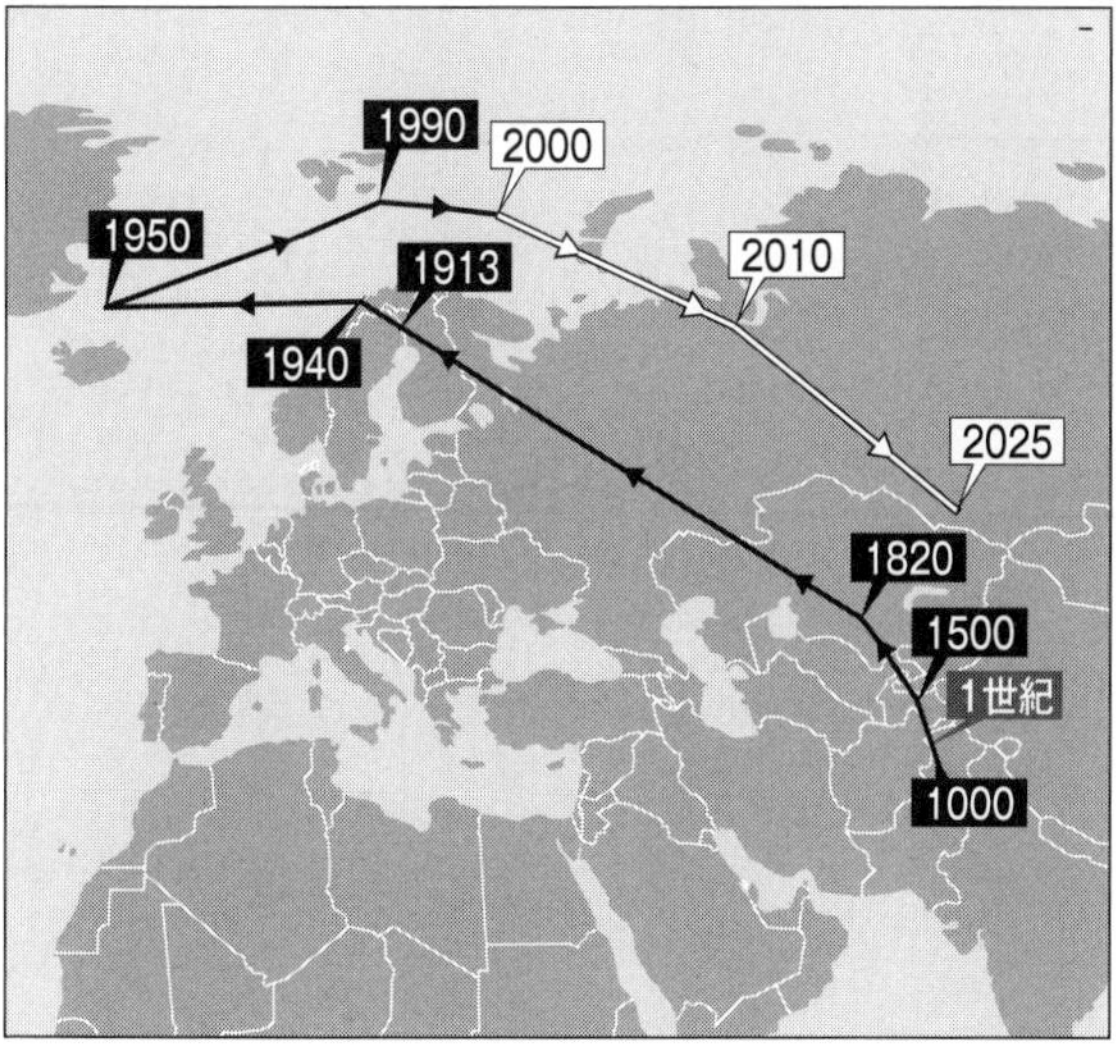

1世紀 ------ 1950 ------ 2025

インドと中国が地球上の経済活動の3分の2を占め、以後1500年間、世界の経済の重心はほとんど移動しなかった。

世界の経済の重心は3世紀をかけてヨーロッパに向かって移動。イギリスの最初の産業革命がきっかけとなり、そして北米へと向かう。

2000年に始まりちょうど25年間で、中国、インド、その他新興国の興隆により、世界経済の重心は元の場所に戻るだろう。

出典:『マッキンゼーが予測する未来』(リチャード・ドッブス、ジェームズ・マニーカ、ジョナサン・ウーツェル著、ダイヤモンド社)35ページより。マッキンゼー・グローバル・インスティテュートによる分析。アンガス・マディソンのデータを使用。フローニンゲン大学

位の約三〇〇兆円（図1参照）。外貨準備高も、二〇一八年三月末の時点で一兆二〇〇〇万ドルを超えており（図2参照）、この数字は世界第二位という非常に高い水準である。

しかし国内の財政をのぞいてみると、腰を抜かすほどの赤字になっている。日本が抱える長期債務残高は、二〇一七年末の時点で地方を除いて国だけでも約八九八兆円。しかも、その額は年々増える一方だ。これだけの借金を返すために公債を発行し、その借金を返済するためにまた公債を発行――と、どうしようもない悪循環に陥っている。借金の返済には、若者や子どもたちの世代が将来大人になった時の税収などが充てられる。将来世代へと負担を押しつけ続けていることになるのだ。

債務が大きい国は、常にひどい姿になって終焉する――。こういうことは、すべて歴史が教えてくれる。詳細は、後の章に譲ろう。

どうする日本

だから、日本の将来を危惧しなければならない。私自身、心から案じている。少子高齢化、人口減少。移民も受け入れない。にもかかわらず高齢者は増える一方なので、社会保障費などの歳出が増え続けていくことになる。それを賄うために、また国債が増えていく。

一九九〇年に記録した最悪の状態は脱したものの、日本の長期債務残高はここ一〇年弱で増加の一途を辿っている。この一〇年で近隣のアジア諸国がどれだけ力をつけたかを鑑《かんが》みると、両者間の落差には目眩《めまい》がするような思いだ。アジア全体は莫大な資産を持っているのに、いくつかのアジアの国、特に日本は莫大な借金を抱え込んでしまった。

もし私が一〇歳の日本人だったとしたら、日本を離れて他国に移住することを考えるだろう。三〇年後、自分が四〇歳になった頃には、日本の借金はいま以上に膨れ上がって目も当てられない状況になっている。一体誰が返すのか——国民以外、尻拭いをする者はいない。

次に「買い」の国はここだ

ここ五〇年の間、世界で最も刺激的な国は日本だった。ここ四〇年間はそれがシンガポールで、三〇年間は中国だった。そして**これからの一〇～二〇年は、北朝鮮・韓国の統一国家が世界で最も刺激的な国になるだろう。**

一五年前、いや一〇年前でさえも、私にとって北朝鮮という国は興味の対象外にあった。

でもいまは、北朝鮮について考える機会が増えた。世界を揺るがすような大きな変化が彼の地で起ころうとしているからだ。まもなく北朝鮮が開かれ、韓国と統一されて一つの国になる。統一された両国は、世界で最も刺激的な国になる。

韓国は、日本と同じように出生率の低下がひどく、深刻な問題を抱えている。男性が多すぎ、女性が不足している。しかし朝鮮半島統一により、その問題は軽減される。北朝鮮には若者、特に若い女性がたくさんいる。彼らは子どもを産むことを躊躇《ちゅうちょ》しない。日本や韓国では出産・育児に対する意識が変わり、それが少子化の一因になっているが、北朝鮮では昔とさほど変わっていない。劇的に解決されるとはいかないまでも、統一により、韓国の少子化問題が軽減されるのは間違いないだろう。少なくとも日本や台湾、シンガポールなどの、同じように少子化問題に直面している近隣諸国よりはかなり改善される。

中国では、一九七九年から二〇一五年まで「一人っ子政策」という実に馬鹿げた政策が続けられてきた。撤廃されたいまも、余波は続いている。二〇一七年の時点で中国の出生率はたったの一・二四。これはただでさえ低い日本の出生率一・四四（二〇一六年）をも下回っている。このままでは、中国は将来大変な目に遭う。一人っ子政策の撤廃だけでは、問題は解決しない。中国は本腰を入れて、少子化問題と真剣に向き合わなければならない。

それに比べて日本は、少子高齢化問題に関しては世界の最先端にいる。技術力や品質で常に世界をリードしてきた日本だが、悪い面でも世界一になってしまったというわけだ。日本の将来を、世界中が固唾《かたず》を呑んで見守っている。その結果を見て、他の国が学ぶことができるからだ。少子高齢化問題を解決できれば、日本は世界の先例になれるだろう。

こうした状況を鑑みるに、**五年後のアジアで最も幸福な国になるのは、朝鮮半島の統一国家だろう**。この国が最も繁栄するからだ。繁栄している国の民は、概《おおむ》ね満足しているものである。就職にも事欠かないし、破産について悩む必要もない。

繁栄が必ずしも幸福に直結するとは限らない。だが、国が経済上の問題を抱えている時に国民は幸福でないことは、歴史が教えてくれる。そして国民は、自分たちが幸福であると感じない時、まず外国人（移民）のせいにする。皮膚の色や言語が異なり、宗教も食べ物も異なる。外国人は臭《くさ》い匂いがして、彼らの食べ物も臭い、というわけだ。

逆に繁栄している国は、ほとんど必ずと言っていいほど外国人（移民）を受け入れていることがわかる。繁栄していると心に余裕が出てきて、他者に寛容になる。外国人は多様性や新しいアイデア、さらに資本をもたらし、国はますます繁栄する。

史上最悪の世界恐慌は確実に来る

歴史は他にもさまざまなことを教えてくれる。たとえば、「四〜八年の周期で大きな経済問題が起きる」ということもその一つだ。今後一〜二年のうちに、私が生きてきた中で最悪の経済危機が起きると予想している。なぜなら、世界中の負債額が史上最悪の数字を記録しているからだ。これで米中貿易戦争も絡んだら、とんでもない大惨事になる。

国際金融協会（IIF）によると、政府、企業、家計、金融機関を合わせた世界の債務残高は二〇一八年三月末の時点で二四七兆ドル（約二京《けい》七〇〇〇兆円）。一〇年前の二〇〇八年末と比べると、約四三パーセント、七五兆ドルも増加している。

その一方で世界の国内総生産（GDP）の合計額は三七パーセント、二四兆ドル増加にとどまっている。GDP比で見た債務規模は二・九倍から三・二倍に拡大しており（図4参照）、稼ぎに見合わない借金を抱える構図は、リーマンショック当時と変わらないどころか、悪化している。

二〇〇八年にアメリカでリーマンショックが起きて以来、世界中の国で債務が膨らむようになってしまった。一〇年前はほとんど借金がなかった中国でさえも、いまは多大な債務を抱えている。

アメリカの中央銀行も、そのバランスシートはたったの一〇年で五〇〇パーセントも膨れ上がっている。五〇〇パーセントとは、実に驚異的な上昇率だ。何十年という歳月を経て五〇〇パーセント上昇した、と言われても信じがたいというのに、それがたったの一〇年という短期間でそこまで上昇してしまうとは、まったく理解の範疇を超えている。

この一〇年でお金の流れは激変した

いま世界を見渡すと、借金がない国は北朝鮮くらいしかない。借金はどの国でも天井知らずに膨れ上がり、いずれの国も緊縮財政について検討を重ねている。しかし、実際に緊縮財政を行う国はない。論理がわかっていても、それを実行に移さなければ意味がない。たとえ

図4　この10年、世界で債務が積み上がり、GDP比でも膨張した

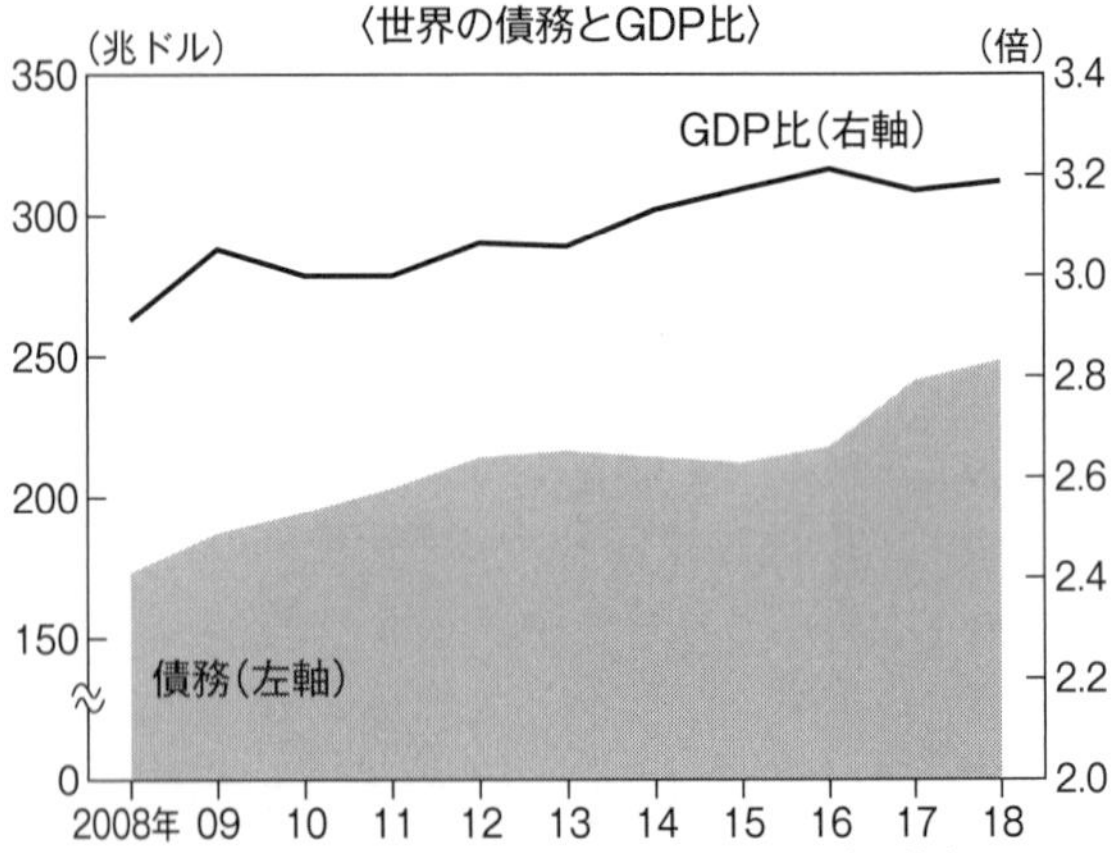

(注)国際決済銀行、国際通貨基金、世界取引所連盟、国際金融協会のデータ。2018年は直近もしくは推計値

出典：日本経済新聞2018年9月15日付朝刊を元に作成

ば私は、一〇〇メートル走を誰よりも速く走る方法を口で説明することはできるが、実際にそれだけ速く走って世界記録を打ち立てることはできない。論理についてあれこれ議論するのは誰でもできるが、どんなことでも実行しなければ成功したとは言えないのだ。

どの国も紙幣を刷りまくっていて、まるで紙幣印刷コンテストをやっているかのようだ。金利が上がり、問題が生じてくると、人々は中央銀行に助けを求める。彼らは官僚や学者だから、「わかった、あなた方を助けよう」と言う。そして「助け」として紙幣をありったけ刷る。市場は活気を

帯び、助かったと思う。

しかし官僚や学者は、紙幣を刷った後のことなど何も考えてはいないのだ。長期的に見て、紙幣の乱発には効果がないことはわかりきっているのに。

ただ、紙幣の印刷を突然やめるのも、さまざまな経済問題を生じさせることになる。恐らくアメリカからその問題は生じ、経済は最悪な状態になるだろう。借金の規模が一番大きいからだ。アメリカがきっかけで、第二、第三、第四の経済大国が問題を抱えることになる。

FRB、ECBなどの中央銀行は金融緩和の見直し局面に入り、利上げや「出口戦略」を取り始めている。彼らは「ソフトランディングをするから、心配ない」と言うだろう。だが、ソフトランディングを誘導することができたためしはない。

ここ一〇年でお金の流れはずいぶんと変わった。リーマンショック後、世界中でやたらと紙幣を印刷するようになり始めた。日銀は無制限に印刷すると言ったし、イギリス銀行は何がなんでも必要なことはやると言った。アメリカは印刷しなければならない分は印刷すると言った。結果、史上最悪の下げ相場がいままさに起ころうとしている。

ここ数年で起きた出来事はすべて、もうすぐ甚大な経済問題が起きることを意味している。リーマンショックから約一〇年が経ったいま、いつ何が起きてもおかしくない。アメリカの株式市場は、二〇〇九年三月に底を打って以降、一〇年近く上昇を続けている。これは史上二番目の長さだ。**歴史を学んでいれば、現在のアメリカの上昇相場がいつか必ず止まるということは、誰にでも予想できる。**

アメリカの中央銀行（ＦＲＢ）の前議長ジャネット・イエレン氏は、「経済問題は二度と起きない」と断言した。もし彼女の言うことを信じるのなら、これから先のページを読み進める必要はない。だが、いつか彼女が愚か者に見える時が来るだろう。

次に起こる経済危機は、我々の人生で最悪のものになるだろう。その危機から脱出できる人は、そう多くはない。それほど深刻で破壊的な危機が、いま我々の目の前に迫っているのだ。

第一章　大いなる可能性を秘めた日本

大の日本びいきで知られるジム・ロジャーズだが、日本の将来には悲観的だ。彼はその根拠を世界史に求める。人口が減り、借金が膨らみ、外国人を受け入れない。そうした国々が亡びていくのは「歴史の必然」だという。

しかし、希望は大いにある。日本人の強みを最大限に活かし、これから伸びる分野に積極的に投資すれば、逆転は不可能ではない——。本章の後半では、世界的投資家による「日本再興への道」を解説する。

日本の未来を世界史から照射する

閉じた国は亡び、開いた国は栄える——歴史の必然

「私がもし一〇歳の日本人なら、ただちに日本を去るだろう」

日本は、私が世界で一番好きな国の一つである。これまで私は世界一周旅行を二回敢行し、数えきれないほどの都市を訪れたが、その中でも東京——あれほど豊かな食文化が発達している都市を私は知らない。銀座に世界最高のステーキハウスがあるのをいまでも覚えている。

最高のイタリアンレストランは、イタリアではなく日本にあるのだ。もちろん食べ物だけでなく、日本はすべてがすばらしい。京都など、歴史をよく保存している都市も多い。個人

的に本当に好きで評価している国だが、**その日本が五〇年後か一〇〇年後には消えてしまうのは心から残念でならない**。

なぜ消えると断言できるのか？　当然だ。これだけ借金があり、しかも子どもを作らないのだから。私はこれだけ日本を愛しているが、日本に住もうとは思わない。借金と少子化、この二つがシンプルな理由だ。

二〇一七年十一月のことになるが、アメリカの投資情報ラジオ番組「スタンスベリー・インベスター・アワー」の中で、私はこう発言した。「**もし私がいま一〇歳の日本人ならば、自分自身にＡＫ‐47（自動小銃）を購入するか、もしくは、この国を去ることを選ぶだろう。**なぜなら、いま一〇歳の日本人である彼、彼女たちは、これからの人生で大惨事に見舞われるだろうからだ」と。ＡＫ‐47とは、旧ソ連が開発した自動小銃のことである。このラジオ番組はインターネット上で視聴できるため、放送開始からまもなく大きな話題になったらしい。日本でも波紋を広げたと聞いている。

犯罪大国になる「二〇五〇年の日本」

もちろん私は、銃を買って撃ちまくるようにと提案しているのではない。一〇歳の子どもが四〇歳になった時、往来では暴動がたくさん起きているかもしれない。国民全体が不満を覚えて国が破綻に向かう時は、怒り、バイオレンス、社会不安が募るものだ。日本だけはそうならないと言う人もいるが、これはどの国でも起こる社会現象だ。殺人を含め、さまざまな形の犯罪が増えるだろう。

三〇年後にはそれだけ社会問題が深刻になるから、自分の身を守るため、あるいは革命を率いるための方法が必要であると言いたかったのだ。

一〇歳の子がこのまま日本に残り、大成功して財を成すことも可能だろう。しかし、その人生は順風満帆には行かないだろう。なぜなら日本に吹いているのは、追い風ではなく逆風なのだから。

国の衰退の原因を歴史に見る

人口が減少し、さらに移民を受け入れない国に将来大きな問題が起きるのは、歴史も物語っている明白な事実だ。

たとえば、西アフリカのガーナ共和国。一九五七年当時、ガーナは大英帝国の元植民地の中で最も裕福な国だった。しかし、初代大統領のエンクルマが「外国人は排除する、ガーナのためのガーナにする」と言い出して国境を閉鎖した。結果はどうだろう。ガーナはわずか七年後に瓦解し、軍事クーデターが起きて、エンクルマは追放された。

ビルマもいい例だ。一九六二年、アジアで最も裕福な国はビルマだった。ところがビルマ政府も「外国人を追放せよ」と命令し、国境を閉鎖した。国名はその後ミャンマーに変わり、五〇年後のいま、彼の国はアジアの最貧国に成り果てた。

東アフリカのエチオピアも同様だ。二〇〇〜三〇〇年前は非常に繁栄している国だった。エチオピアはアフリカの中でも特殊な国で、アフリカの多くの地域が一五世紀以前、キリスト教からイスラム教に改宗したにもかかわらず、ここだけはキリスト教が生きのびた。それだけ外の世界にさらされていたから、繁栄することができたのだろう。

しかし、**もう外国人はいらないと言って閉鎖した途端、完全に崩壊した。**いま、GDPが世界平均の五パーセントにも満たないこの世界最貧国に行きたいと思う人はなかなかいないだろう。

いまや世界経済をリードする存在となった中国も、過去に同じ過ちを犯している。

ヨーロッパ人がアメリカ大陸に渡るはるか前に、中国はアメリカを発見していたという説がある。ヨーロッパ人がアメリカを発見した時、すでにそこには中国人がいたのだ。しかし中国の皇帝か誰か権力者が、新大陸に求めるものは何もないと言って船をすべて燃やしてしまった。

アフリカなど各地を探訪した鄭和《ていわ》という有名な提督もいたが、政府は彼の残した貴重な地図や記録もすべて燃やし、国を閉鎖してしまった。するとどうだろう、中国は衰退の一途を辿った。

アメリカだってそうだ。アメリカ経済が一番繁栄を極めていたのは移民法が制定される一九二〇年代の前だと、私は著書（『冒険投資家ジム・ロジャーズのストリート・スマート』ＳＢ

クリエイティブ）をはじめ、多くの場で繰り返し述べている。

このように、**外国人を排除し、門戸を閉じた国が衰退の一途を辿るということを、歴史は何度でも教えてくれる。**外国人は新しい活力、新しい血統、資本、アイデア、興奮、刺激をもたらす。だから繁栄している国は外国人を欲しがるのであり、外国人もそんな国に惹《ひ》きつけられる。ただ、国内で問題が起きて不満がたまってくると、何でも外国人のせいにして、やがては追放してしまう。外国人を追放する方が結局はさらなる問題を引き起こすというのに、だ。

日本の好景気はうわべだけ

じきにこの国を蝕む重い病とは

経済学者はたいてい間違っている

現在日本は、国と地方を合わせて約一一〇〇兆円、実にGDP比約二倍という目もくらむような借金を抱えている。それにもかかわらず、安倍政権は必要のない道路や橋造りに金をつぎ込んでいる。増税までして、さらに無駄な公共事業へ資金を投入しようとしている。借金をこれだけ増やしても平気なのは、返済するのは自分の世代ではないと考えている証拠だ。

五〇年前の日本はこうではなかった。貯蓄率も世界一で、国債もほぼゼロだった（図5参

図5　日本の「借金と赤字」は増え続けている

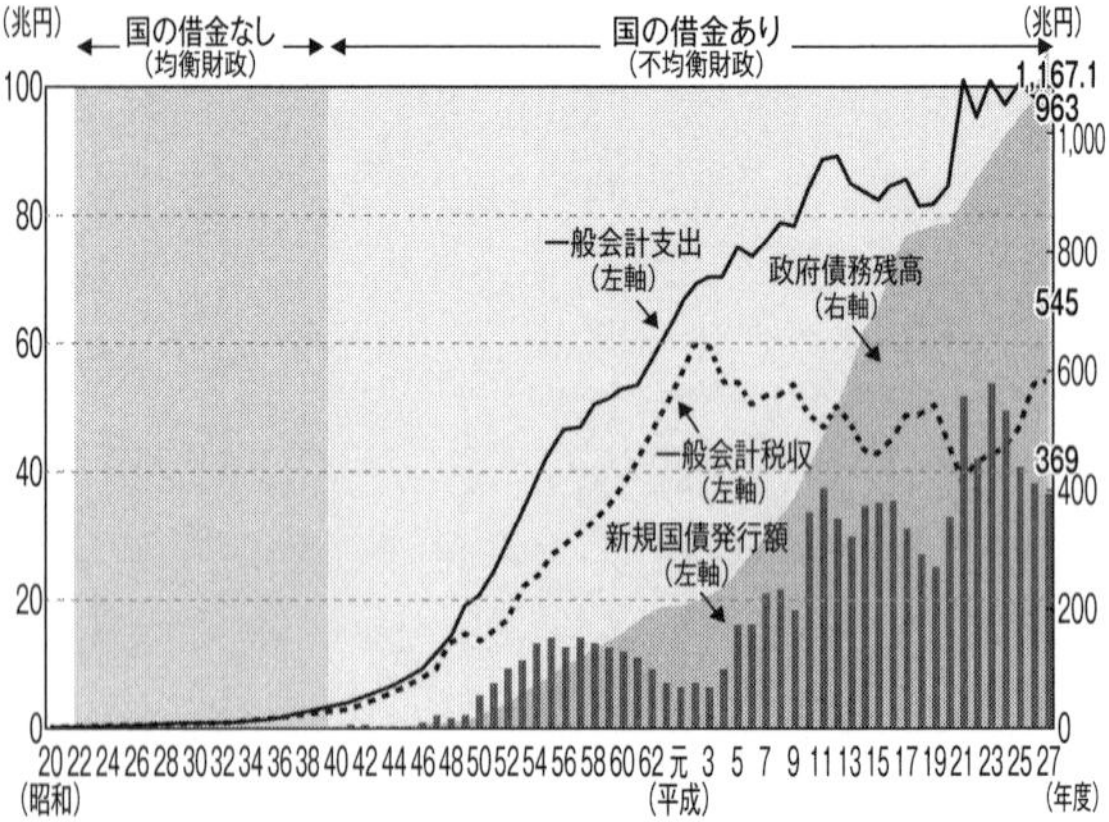

出典：財務省「戦後の我が国財政の変遷と今後の課題」を元に作成

照）。それがこの五〇年でがらっと変わったのだ。

実際、日本が消えてしまうといってもそれは一〇年、二〇年後のことではない。いま中年の大人たちが老人になった時でも、日本の国庫には老齢人口を支える資金くらいは残っているだろう。しかしその後――**いま一〇歳の子どもたちが四〇歳になる頃には、彼らの老後を保障する金は尽きている**。

経済学者の中には、「インフレになれば借金は目減りするから問題ない」と言う人もいる。確かに理屈としては正しいのだが、長期にわたるインフレで物価が上がり続けることは、国民にとっていい解決策ではない。

大きなインフレ、特にハイパーインフレが起こる国は、たいてい崩壊する。確かにインフレを起こして借金を目減りさせることはできるが、それによって多くの人は深刻な苦しみを味わうことになる。特に苦しむのは、高齢者や若者だ。逆に財を成す人もいるが、ほとんどの人はインフレが進行すればするほど苦しむことになる。

もちろん、緩やかなインフレは、解決の一助となりうる。しかし緩やかに起きるということは、誰もがインフレに合わせた調整の方法を学んでしまうということでもある。それでは、経済がダイナミックに発展しているとは言えないだろう。

歴史を遡ると、インフレによって急に景気づいた国はない。経済発展というのは、国民が一生懸命働き、貯蓄率を高くして、投資率も高くして、お金を儲けることによって起きるものである。**経済が活発化している国はどこも、インフレに依存していない。**

そういう意味で、インフレは借金を減らす方法にはなるかもしれないが、借金問題を解決するには最悪の方法である。「インフレになれば借金は目減りするから問題ない」と言う経済学者は間違っている。ただ、特に目くじらを立てる問題ではない。経済学者のほとんどは、たいてい間違っているものだから。

うわべだけの好景気に騙されるな――「お金の流れの歴史」に学ぶ教訓

アベノミクスによる金融緩和で、確かに足元の景気は良くなった。二〇一七年十一月、日本の実質GDPは一一年ぶりに七期連続プラス成長を記録した。人手不足もあって賃金が上昇に転じ、物価は日銀の二パーセントインフレ目標には達しないものの、デフレは免れている。株価もこの数年で三倍になった。

しかしそれは、うわべだけの好景気に過ぎない。いま日本株が上がっているのは、日本銀行が紙幣を刷りまくり、そのお金で日本株や日本国債を買いまくっているからに過ぎないのだ。紙幣を印刷し続けると、そのお金はどこかに行かないといけない。土地に行く場合もあれば、金《きん》に行く場合もある。ただ歴史的に見ると、多くの場合、そのお金は株式市場に行く。

七〇年代のアメリカでも、お金の流れは同じような動きを見せた。多くの金が、株と金《きん》に流れた。石油にも流れた。八〇年代のイギリスでは、株だった。第一次世界大戦後のドイツでもひどいインフレが起きて通貨が暴落し、株価は青天井で急騰した。インフレがひどくなると、人は何かを所有したくなるものだ。紙幣よりも実体があるもの――たとえばテーブルなどを。

ただ大概の場合、お金の安全な避難先は株になる。不動産でもいい。インフレ後のドイツで莫大な資産を築いたのは、紙幣をたくさん持っていた人ではなく、株と不動産に投資していた人だった。

いつか「安倍が日本をダメにした」と振り返る日が来る

いまの日本の状態は、「紙幣を刷れば株価が上がる」という市場の原理に則っているだけだ。金融緩和が続く限りこの好景気も続くだろうが、根本的な解決策にならないことは、先ほどのアメリカ、イギリス、ドイツの例を見たらわかる。紙幣を刷りまくっても駄目なのだ。**アベノミクスが成功することはない。**安倍政権の政策は日本も日本の子どもたちの将来も滅茶苦茶にするものだ。いつかきっと「安倍が日本をダメにした」と振り返る日が来るだろう。

とはいえ、皮肉なことに私のような投資家にとっては、最高の状態と言える。株価が上がるので、投資家やストックブローカーにとっては好都合なのだ。二〇一二年、安倍氏が内閣総理大臣になることが明らかになった段階で、私はすぐさま日本株を買い増ししたくらいである。安倍氏は「紙幣をさらに刷る」と明言していたからだ。

日本の企業は保護されすぎている傾向があるので、紙幣が刷られればそれだけ利益が上がり、株価も上がる。日銀が利上げを決めたら心配が増すが、すぐに日本株の買いをやめるかどうかは、状況次第だ。すぐには行動せず、しばらく様子を見てから決めるだろう。

危機にこそ投資の機会がある

私が最後にまとめて日本株を買ったのは、東日本大震災の前後のことだ。震災が起こる前、日本株が非常に安かったので買い始めた。その後、震災が起きてから日本株はさらに信じられないくらい下落した。一九八九年末につけた三万八九五七円という最高値より、八割も下落していたのだ。ＥＴＦ（上場投資信託）も含め、日本株を大量に購入したのはこの時だ。農業関係の株も多く買った。

日本は震災から必ず復興すると信じていたから、それだけ投資したのである。日本の教育レベルは高く、国民は勤勉で賢い。日本人は復興のために何をしたらいいかわかっているように私の目には映った。

危機が起きた時は、投資のために機敏に行動する時である。災害の様子を見たり報道で知ったりすると、ほとんどの人は「ひどい」「恐ろしい」と感じて、そこで思考を止めてしまう。ビジネスの機会があるというところにまで考えが至らないのだ。

災害の渦中にある人たちは、誰かに助けに来てほしいと思っている。誰かに来て投資をしてほしいと思っているのだ。だから被災者にも投資家にとっても、お互いのメリットになるのである。

たとえば、**私がいま注目しているのは、ベネズエラとジンバブエだ**。南米ベネズエラは二〇一八年八月に二八年ぶりの大規模な地震を経験した。ジンバブエでは三八年間続いたムガベ大統領の独裁政治が崩壊し、ムナンガグワ新大統領が誕生した。しかし、新しい指導者は前よりもっとひどいかもしれないという声もある。反ムナンガグワのデモも起きている。国

図6　日経、上海、ロシアの平均株価の動き

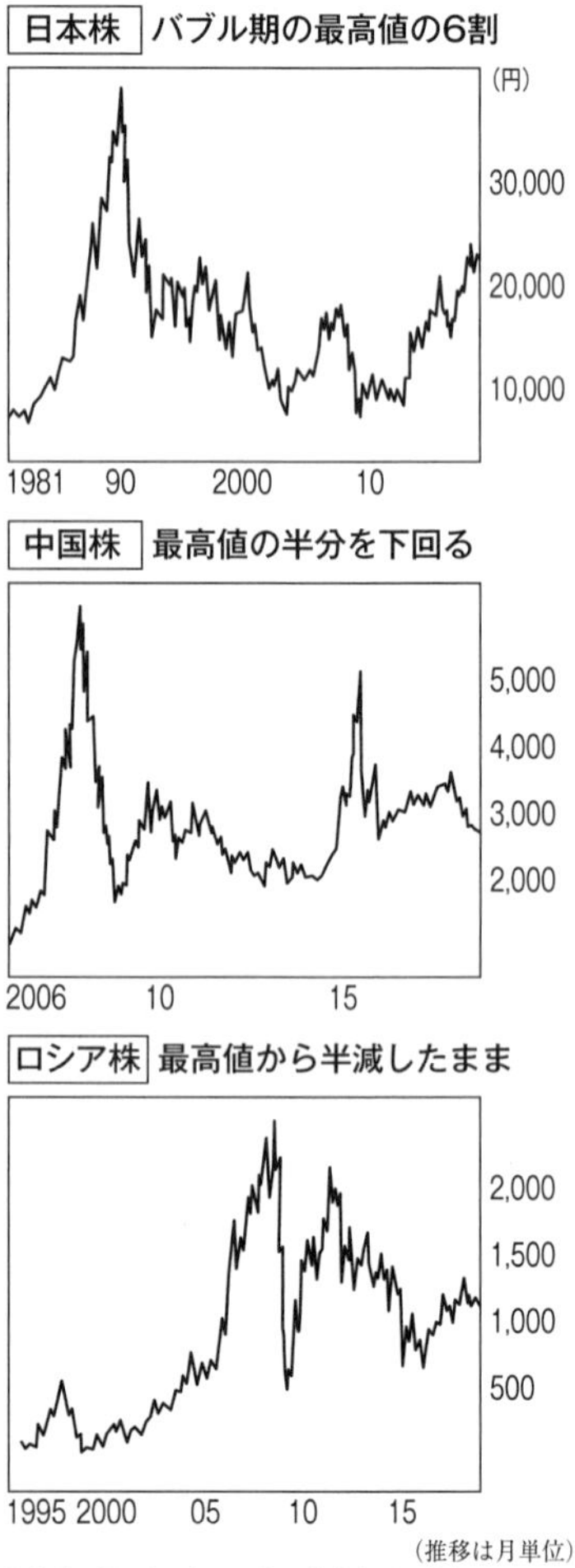

出典:『日経マネー』2018年10月号を元に作成

が混乱期にある中で、いい投資の機会になるかもしれない。少なくとも変化はあるだろう。投資家はこのように考えるのだ。

話を日本に戻そう。日本の株価が上がったといっても、まだ二万二〇〇〇円台程度（二〇一八年十二月現在）。一九八九年末の最高値より四割も低い（図6参照）。

　当然ながら、株価が落ちている時に買う方が、最高値にある時に買うよりも儲かる。私はかねてより、「**世界中の市場が暴落しても、日本株と中国株、ロシア株は保有しておく**。この三つは景気減速の影響を受けることが少ないから」と述べている。アメリカ株は、いま最高値にあるから買わない。日本は株を買うのに最適とは言えないが、まだ「まし」な国だ。「悪くない」と言ってもいい。これから株価が下がるなら、日本株はもっと買うかもしれない。

　中国株もロシア株も、他の株と比べたら「悪くない」と言っているだけだ。日本株と同様、最高値からかなり落ちているからである。ただ、この二つについては後の章で詳述するとしよう。

移民を受け入れる国は栄え、拒む国は亡びる

いかに社会への影響をコントロールするかを考えよ

移民受け入れか、貧乏か

時折、日本のインタビュアーから「長期的な時間軸から、アベノミクスへの評価を」と尋ねられることがある。けれども、**「このままでは、日本に長期的な時間軸はない」**と答えざるを得ない。ここまで人口が減少しているにもかかわらず、子どもを作ろうとしないのだから。日本政府は時には子どもを作るようにインセンティブを与えるが、いつもうまくいかない。そこに人手不足で賃金が上がっていく。老人が増え、社会保障費もどんどん膨れ上がる。だから、日本には長期的な時間軸はないと言うのだ。

図7　人口構成で見る各国の「機会の窓」

国連の人口分析の専門家は、総人口に占める子ども(0〜14歳)の比率が30％以下、高齢者(65歳以上)が15％以下の時、経済が飛躍的に成長する「機会の窓」が開くと見積もっている。日本は1995年で窓が閉じている。アメリカも2015年に窓が閉じている。中国も2025年と意外に早く閉じてしまう。

国	2010年の中心年齢	2030年の中心年齢	「機会の窓」が開いていた時期
ブラジル	29歳	35歳	2000 ~ 2030年
インド	26歳	32歳	2015 ~ 2050年
中国	35歳	43歳	1990 ~ 2025年
ロシア	39歳	44歳	1950 ~ 2015年
イラン	26歳	37歳	2005 ~ 2040年
日本	45歳	52歳	1965 ~ 1995年
ドイツ	44歳	49歳	1950以前~ 1990年
イギリス	40歳	42歳	1950以前~ 1980年
アメリカ	37歳	39歳	1970 ~ 2015年

出典：Sandia National Laboratories,『2030年世界はこう変わる』(米国国家情報会議編、講談社)57ページを元に作成

ちなみに韓国も少子化問題を抱えているが、朝鮮半島が統一されたら、状況は好転するだろう。北から女性がたくさん南に入っていくし、安い労働力も入っていく。いつの日か日本を打ち負かすだろう。

少子化問題に対抗するには、移民を受け入れなければならない。しかし日本人は外国人嫌いで、移民の受け入れにもあまり積極的ではない。日本には在日外国人に対する職業差別、入居差別、教育差別などがあると、国連も二〇一八年に勧告している。このままだと生活水準が下がるばかりだが、日本人は外国人を受け入れるよりも生活水準の低下の方を選んだように私には見える。

「移民受け入れは犯罪を増やす」のか

「移民受け入れは社会を不安定にする」という意見も、常に聞かれる。いまアメリカでも、そう言われている。でも実際蓋《ふた》を開けてみると、外国人の犯罪者よりもアメリカ人の犯罪者の方が多い。確かに、アメリカに入ってくる外国人の中に犯罪者がいるのも事実だ。でも一度犯罪が明るみになった時、人々は「犯人を見よ、あいつは外国人だ」と言いはしても、

「犯人はアメリカ人だ」とは言わない。**外国人が罪を犯した時だけことさらに「外国人」であることを強調するので、外国人はみな犯罪者だという先入観を植え付けてしまう**のだ。実際、犯罪者はどの民族にも一定数いるのに。

事実としては、移民として入ってくる人のほとんどは、勇気があるから自国を出てきているのだ。親戚や友人に囲まれ、母語が通じる居心地のいい自国を、荷物をまとめて離れる。そして知り合いなど誰もいない、言葉も通じないような国に渡っていくのは、決して簡単なことではない。勇気がなければ、クレイジーでなければできないことだ。

私だったら、そのような勇気ある人にはぜひ自分の国に来てほしい。自国を一生離れたくないという人はそれでいいが、私なら、何か新しいことをやってやろうという冒険心がある人に自国へ来てほしい。

移民は、はじめは異なる文化を持って入ってくるものだ。それでもやがては移民先の国に同化するのが普通である。時間がかかることもあるが、特に移民の子どもたちは、間違いなく同化する。日本でもそうだ。在日韓国人は完璧な日本語を話し、なかには日本の名前を持っている人もいる。進学先も日本の学校に行く人がたくさんいる。

EUの轍を踏まないために

EUなどでは、移民排斥の動きが起きている。それはあまりにも早く、多くの移民を受け入れすぎたことが要因かもしれない。

EUでも、確かに移民は必要なのだ。たとえばドイツは人口動態から見て大きな問題を抱えている――つまり日本と同じく少子高齢化が進んでいるので、メルケル独首相は「移民が欲しい」と明言している。ドイツの企業には労働者が足りない。それを埋めるには出生率を上げるか移民を受け入れるしかないのだが、たとえ出生率を上げたとしても、赤ん坊が大人になるまでには時間がかかる。だから移民を受け入れるのが手っ取り早いのだ。

結果、メルケル首相が中東やアフリカ大陸からの難民に率先して門戸を開いた二〇一五年以降、ドイツが受け入れた移民の数は一〇〇万人以上とも言われる。これは国民の約一・二パーセントにあたり、他の欧州諸国と比べても飛び抜けて高い数字だ。国民の一〇〇人に一人が突然外国人になってしまうという状況が、国民感情を逆なでしたとしても仕方ない。

私が居を構えているシンガポールでも、あまりにも短期間に多くの移民を受け入れすぎた。だからこの国は、これ以上移民を受け入れようとしない。二〇一三年に発表された人口白書には、「外国人労働者の受け入れを削減する」「永住権保持者は五〇万人程度に維持する」といった内容が含まれている。しかしこれからシンガポールは高齢者ばかりになって、社会保障として政府は彼らにたくさんの金を費やさなければならない。これは将来、大問題を引き起こす。

こういう例を見て言えることは、**移民の受け入れ方をコントロールしなければいけない**ということだ。短期間でたくさん移民を受け入れすぎないように調整しなければならない。好むと好まざるとにかかわらず、日本が移民を必要としていることは明白な事実だ。うまくコントロールしながら、徐々に移民を増やしていくしかない。

国を閉鎖して成功したという例を、私は知らない。まったくのゼロだ。だから日本には、もっと外国人を好きになってほしいと思う。日本にはもっと外国人が必要だ。私は日本人ではないから、あなた方に生き方を教えることはできない。でも一つ言えるのは、私がいま一〇歳の日本人であれば、すぐにでも日本を離れるということだ。

日本に投資するなら、観光、農業、教育

日本で「これから伸びる産業」とその理由

インバウンド投資はまだまだ伸びる

今後、日本において投資すべき産業は何だろうか。日本の産業界の活路は、どこに見出せるのだろうか。

私はツーリズム（観光業）を真っ先に挙げたい。**個人的には、日本のツーリズム――観光、ホテルや古民家に投資したいと思っている。**

日本はすばらしい国で、名所もおびただしい数がある。さらに、後述するように日本人は何をやっても非常に質が高い。だから多くの人を惹きつける。近隣諸国、特に中国人にとっ

ては魅力的な観光地だ。

中国人は何百年もの間、旅行をすることができなかった。最近に限っても、共産党は国民を外に出さないよう、パスポートの入手や国外への通貨持ち出しを制限していた。それがいま、パスポート入手も通貨持ち出しも簡単にできるようになり、旅行は身近なものになった。中国の人口は約一四億人。日本の約一一倍だ。それだけの人が、国外へ出かけようとしている。中国の旅行業には膨大な可能性が秘められている。日本は中国に近いため、まず旅先の選択肢に挙がるだろう。中国だけではない。ベトナムは約九三〇〇万の人口を擁しているが、その多くも日本に行きたがっている。

ツーリズムは二〇二〇年の東京オリンピックが終わると落ち込むのではないか、と危惧する方もいるだろう。確かにほとんどの国ではそうだ。オリンピックに向かって伸びていき、終わると落ちる。しかし、日本の場合はそこまで落ちないと私は思っている。日本経済の規模が大きいからだ。

日本はずっと、自ら扉を閉ざしていた。二〇年前、いや、一〇年前でさえも、ほとんどの旅行客にとって日本は旅先の候補の中に入っていなかった。物価が高く、外国人に嫌われていたのだ。外国人が来日しても進んで助ける人はいないように見えたし、外国のクレジットカードは使えなかった（いまでも外国のカードは使えないことがある）。

それでも、状況はかなり変わりつつある。私のクレジットカードも使えるところがあるし、日本のツーリズムの将来は明るいと言えそうだ。外国人の安い労働にも依存していない。古民家など、外国人を魅了するものは日本にまだまだたくさん眠っている。

農業分野は可能性の山

もう一つ、投資したい産業がある。農業だ。農業には、地域を問わず世界各地で明るい未来が開けていると私は思っているが、日本は特にそうだと言える。

いま、日本には農業をする人がいない。日本の農業従事者の平均年齢は、約六六歳という高齢だ。**担い手さえ見つければ、日本の農業には明るい未来が待っている。競争がない業界だからだ。**いま、あなたが一〇歳の子どもだとしたら、農業をやることも考えた方がいい。

あるいは移民を受け入れるのもいいだろう。日本がひとたび移民受け入れを表明すれば、多くの人が日本に移住し、農地を買ってそこで働くだろう。多くの日本人は教育を受けて甘やかされているので、農業では働こうとしない。移民なら、農業でも働いてくれる。低賃金で働いてくれる外国人を日本に入れない限り、農業は大きな成長産業にはならないだろう。

日本の農業の問題は、政府によって保護されすぎているという点にある。政治家が農民から票を得るために保護しているからに他ならない。日本米の価格は、かつては世界市場の五〜六倍はしていた。あまりにも高いので、他国に輸出することができない。

私はかつて日本の教授と、ある大学で討論したことがある。その場で、日本の米価格は世界の六倍だと指摘した。価格が高すぎて、日本人でも買いたいと思うほど買えないと述べたのだ。すると討論相手の教授は、「我々日本人は外国産の米を食べることはできない」と言い放った。続けて、「何世紀も国産米を食べているから、我々の消化器官は外国産の米を消化することができない。もし食べたら下水道が破壊され、国中の下水パイプを取り換えなければならない」とも言った。最初は冗談かと思ったが、どうも本気だったらしい。

アメリカに住んでいる日系人はカリフォルニア米を食べている。もし教授の言葉が真実なのだとしたら、アメリカの下水設備は破壊され尽くしているはずだ。しかし、何事もなく残っている。

日本人による「国産米信仰」は、少々度が過ぎるというものだ。大学教授でさえ真顔でこんな話をするのだから、多くの国民は「日本米は特別で、高価なのは当然のこと」と思い込んでいるのではないか。


米であろうと他の農産物であろうと、低賃金労働を採り入れて価格を下げない限り、他の国と競争することはできない。ブラジルやアメリカと戦えるような大きな農産業は、今後も出てこないままだろう。それでも、日本は低賃金労働を採り入れようとしない。このままでは国民みなが貧しくなり、一〇〇年もすれば、日本は消えてなくなってしまう。

しかし、状況は少しずつ改善されてもいる。二〇一六年、農地法が改正されて、農業への参入の壁がだいぶ低くなった。さらに、こんな例も耳にした。元会社員が始めた、ある農業法人が、年商一二億円もの売上をあげる会社に成長し、アジア各国へ進出を果たしているというのだ。日本の農業の可能性の扉は、まさに開き始めていると言える。

日本の主要企業は、昔からある大企業がほとんどだ。トヨタも、もはや新しい会社ではない。彼らは中国企業に追いかけられる側だ。中国企業はトヨタを目指し、より良い自動車を開発しようと日夜努力しているが、日本企業はすでに頂点を極めてしまっている。これ以上、上を目指せないほどに。そうした企業への投資は、リスクは低いがリターンも少ない。だから、私が投資をする場合はツーリズム、古民家、そして農業なのだ。これらの産業はまだ上を目指す余地がある。

教育ビジネスにも活路あり

教育ビジネスの機会も増えるかもしれない。現在、生徒が足りずに廃校に追い込まれている学校がたくさんある。子どもが減っているので、学校も空になるということだ。

日本に来たがる外国人学生は、たくさんいる。あるいは、積極的にたくさん受け入れるようにすればいいのだ。すでに、外国人を積極的に受け入れる日本の大学も増えてきている。

韓国や中国の子どもと話すと、彼らは「大学に入学できない」と言う。大学の数が少ないので競争率が非常に高いためだ。私はそういう彼らに、「日本に行きなさい。日本の大学なら受け入れてくれる」とアドバイスしている。日本では「大学全入時代」と言われるくらい、大学の数が余っている。定員割れで生徒を欲しがっている大学はたくさんあるだろう。そういう大学こそ、留学生を受け入れるのだ。

外国人に来てもらうには、世界の共通語である英語で授業をしなければならないだろうが、いまは東京大学でもどこでも、英語で外国人に講義をしている大学が増えている。

介護産業にも未来があるとよく言われるが、日本が将来他の国と競争する時の助けにはならないだろう。あくまで、日本国内で高齢者が増え、高齢者を介護する産業が大きくなるというだけのことだ。増える高齢者を何とかしなければならないが、そうかと言って高齢者に多くのものを売りつけるビジネスがいいわけではない。

日本再興への道

日本人が持つ三つの強みと、日本経済への三つの処方箋

ここまで日本の現在の危機について述べてきた。だが、どんな国も間違いを犯す。間違いを犯していない国はない。そして、間違いから学ぶ国も多々ある。中国がそうだ。中国はかつて三、四回衰退しているが、世界の頂点にも同じく三、四回立っている。日本にも、再生の余地は十分にある。私が考える日本の強みは、主に三つある。

日本の強み①クオリティへの探求心

まず一つめは、日本の最大の強みであるクオリティ（品質）だ。日本人は何をしても世界

最高のクオリティを求める。その情熱は間違いなく世界一で、二番目の国が思いつかないほど群を抜いている。ドイツ人、それにオランダ人やオーストリア人といったドイツ系もクオリティに関しては非常に厳格だが、日本に匹敵するレベルではない。**日本ほどクオリティに対して「抑えがたい欲望」を持っている国は他に思いつかない**のだ。**その姿勢こそが、日本を偉大な国にした**と言える。

第二次世界大戦で、日本は世界のいかなる国よりも破壊された。アメリカが不当に原爆を落としたからだ。私は個人的には、アメリカの判断は間違っていたと思う。落とす必要はなかったのだ、それも二回も。ともかくどの国より壊滅的な打撃を受けた日本は、そこから立ち直らなければならなかった。いままで外国にさらされたことがあまりない、孤立した国にとって、それは想像を絶する事態だっただろう。世界と戦う力をつけるために、日本はクオリティを高めるしかなかった。価格で競争することで国が助けられることもあるが、長期的に見ればそれはうまくいかないことが多いのだ。

そして日本は見事な経済成長を遂げた。日本は、最高のクオリティのものであれば世界と戦うことができて、大成功できるということを理解しただろう。いま、世界で最も優れているものは何でも日本にある。

アメリカ人が仰天した日本のモノづくり

こんなエピソードがある。一九五〇年代、世界最大のアルミニウム会社であるアメリカのアルコアで、あるアルミのロールが従業員たちを驚かせた。CEO（代表取締役）がどこかから持ち帰ってきた大きなロールだ。あまりに高品質だったので、従業員も役員たちもみな「これは史上最高の品質を達成すべく特別プロジェクトを立ち上げて作られたロールに違いない」と囁《ささや》いた。しかし、CEOの返答はこうだった。「これは日本で作られたごく普通のアルミロールだ。こういうものを日本では毎時間、毎日、毎週当たり前のように作っている」。

アメリカの従業員たちが思う「史上最高品質」は、日本人にとっての「普通」だったのだ。CEOは、こうしたアメリカの考え方こそが問題なのだと強調した。

一九六五年当時、ゼネラル・モーターズ（GM）はアメリカ最大の自動車メーカーだった。あるいは世界最大だったかもしれない。そのGMの取締役会に経営コンサルタントたちがやってきて、「日本人がアメリカにやってくる」と警告した。日本の自動車がアメリカに入ってくるから何か対策を考えなければならない、と。しかしアメリカ人の役員はまるで相手にしなかった。「日本人？　それが何だって言うんだ。日本人が来て一体何が変わるんだ」。

その四四年後、GMは倒産した。彼らは日本車がアメリカにやってくることをもっと懸念すべきだったのだ。この上なく高品質で低価格の車がアメリカにやってくることを。トヨタはアメリカ進出当初、失敗するのを恐れて自社の名前を使わなかった。もちろん失敗はせず、結果、世界最大の自動車メーカーにまで成長した。一方でアメリカのGMは倒産したのだ。

ホンダが一九五〇〜六〇年代にオートバイを持ってアメリカに乗り込んできた時のことを、私はよく覚えている。ホンダが使っていた宣伝文句は、「YOU MEET THE NICEST PEOPLE ON A HONDA」、つまり「ホンダのオートバイに乗ると最高に善良な人たち(nicest people)に会える」というのだ。この広告文句に、アメリカ人は笑いをこらえることができなかった。ハーレーダビッドソン乗りの輩はniceになどなりたくないからだ。タフさを自負する彼らは、ホンダを嘲《あざけ》り笑っていた。

しかしご存じの通り、ハーレーダビッドソンは二〇年後、三〇年後にほとんど倒産しかかり、一方でホンダは景気づいて、いまでは世界で最大のオートバイメーカーになった。

価格競争に走ってはいけない

日本人はどういう理由であるにせよ、高品質について学び、価格競争についても学び、それによってアメリカの産業をいくつも破壊した。アルミ、鉄鋼、オートバイ、自動車——ありとあらゆる産業を。

いま日本には、品質を犠牲にして生産性を高めた方がいいと主張する人もいるという。確かに日本は、労働力人口が減少しているし国の借金も増えつつある。品質を維持する体力が落ちてきているのだ。かつてアメリカメーカーを駆逐したテレビ産業は、いまやサムスンやハイアールに完敗してしまった。さらにＡＩ開発でもアメリカ、中国に後れを取っている。実に嘆かわしいことだ。だが、世界一の品質を自ら捨てるような愚策は、絶対に取るべきではない。

もちろん品質を犠牲にし、低価格でビジネスをすることはできる。しかし、**低価格にして**

長続きした会社は、歴史的に見て存在しない。消費者は、概して高品質の製品を欲しがるものだ。家計が苦しい時は低価格の商品に走ることもあるが、それは一時的なものである。

ホンダがオートバイを売りにアメリカに進出した時、購入したのは富裕層だけではなかった。ホンダのオートバイは決して安いものではなかったのに――品質に対しては適切な価格だったが――庶民や貧困層も購入したのだ。トヨタがアメリカに進出した時も同じだった。むしろ庶民や貧困層の方が先に手を出した。当時、富裕層はGMのキャデラックをまだ買っていたが、その後ご存じの通り、GMは倒産する。**ホンダやトヨタ、ソニーを貧困層が最初に買ったのは、誰もが品質が高いということがわかっていたからだ。**そして徐々にすべての層が買うようになり、やがてトヨタもソニーも値上げを行った。

品質を落として低価格に走れば、最終的には必ず消えることになる。他の商品との区別がつかなくなり、さらにはもっと低価格のものが出てきて、価格競争に追いつけなくなるからだ。

かの大英帝国も価格競争によって敗れた

価格競争が最終的に破滅へとつながることは、歴史が物語っている。一八三〇年代、大英帝国は前代未聞の驚くべき経済成長を経験した。ミッドランド（イギリス中部地方）のある地域に、世界の機械の半分以上が集中している時期があったくらいだ。ミッドランドには当時、何もかもがあった。

それから二〇～三〇年後、イギリスの王座を颯爽と奪っていったのがアメリカだ。アメリカはイギリスよりもはるかに安い価格ですべての商品を売った。すると、靴メーカーも衣料メーカーも、みなアメリカの北部に移るようになったのだ。

そのあとアメリカ南部のサウスカロライナ州が、我々の方がもっと安くモノづくりをできると声を上げ、すべての工場は北部から南部に移転した。その後、日本に移り、中国に移り、いまはベトナムかカンボジアに移っているところだろうか。

歴史は、常にこのように動くのである。どこかが安く作ると、必ずそれよりも安く作るところが出てくるものだ。中国もベトナムもカンボジアも、みな同じ経験をしている。

一方で、高級ジュエリーブランドのカルティエは一八四七年の創業以来、世界中に展開している。一九二六年創業のメルセデス・ベンツもそうだ。品質を落とさないから、ビジネスが続いているのである。日本も、世界一の品質に対するプライドをもう一度取り戻すべきだろう。

日本の強み②類まれなる国民性

日本は国全体が機能している、というのが二つめの大きな強みだ。もっと具体的に言えば、日本人がみな非常にまじめに働いているということである。

私が初めて日本を訪れたのは、一九八〇年代のことだった。一九七〇年代から日本に投資をしていたが、八〇年代に初めて足を踏み入れたのだ。その時の印象は、いまでも覚えている。「日本人は絶えず働いている」と思ったのだ。

私がどんな要望を出しても、日本人の返答は必ず「はい」だった。**「それはできない」と否定する前に、やります、できます、と答えてくれる**のだ。**世界基準で考えたら信じられないこと**である。中国を初めて訪れた時は、逆にどんな要望を言っても「ノー。それはできない」と言われたものだ。

閉庁時間に税関に行くと、アメリカなら「今日はもう終わり。明日また来なさい」と言われる。そこを日本では、「どうぞ」と言って対応してくれる。私の場合、無料ではなく追加料金がかかったが、それでもアメリカのように追い返されるということはない。すべて「はい」で対応してくれる。みなが一生懸命働き、だからこそすべてがうまく機能している。

日本の百貨店は、閉店時刻になっても「ゆっくり買い物を続けてください」と言ってくれる。これが他の国だったら、「閉店時刻になりました。従業員は家に帰ります」でおしまいだろう。**この働くことへの真摯《しんし》な姿勢は、世界中の成功している起業家がみな持っているものだ。**「実行し、そして成功させる」という姿勢である。

日本の強み③貯蓄率の高さ

日本のもう一つの強みは、日本人の貯蓄率の高さだ。

戦後、日本の賃金は極端に低かった。だからこそ日本人は、将来を案じて貯金に励んだ。日本人の貯蓄率はいまでも非常に高い。ＯＥＣＤの統計で日本人の貯蓄率が下がったと一時期話題になったが、それは人口の高齢化が原因であって、現役世代の日本人の貯蓄性向が変わったわけではない。**投資するためには貯蓄が必要であることは、経済の基本である。実体**

経済の原則では、貯蓄＝投資になる。経済が成長するためには資本が必要で、その資本は投資によって増えるのである。

資本主義の概念がない国の経済は、成長しなかった。ソビエトには金融市場がなかったので経済成長もなく、実際崩壊してしまったくらいだ。社会主義も共産主義もうまくいかない。ユニバーサル・ベーシックインカム（すべての国民に、生活に最低限必要な一定額の現金を渡すという所得保障の一種）はロシアや中国、ベトナムが試したが、どこもうまくいかなかった。金融市場が完全なシステムだというわけではないが、金が金を生み、国民の生活水準を引き上げるメカニズムを生み出すには、資本主義が一番優れている。資本主義より優れたシステムを思いついた人は、いまのところ誰もいない。

日本では資本主義のせいでかつてないほど格差が広がっていると言われるが、それは本当だろうか。日本の歴史をずっと遡ると、たとえば五〇〇年前の貧富の差は、いまとは比べ物にならないほどひどかった。日本だけでなく世界中の国がそうだったが、貧乏人に比べると金持ちは本当に金持ちで、すべてを手にしていた。一方、貧しい人は何も持っていなかっ

図8　高投資に高い投資効率が掛け合わされ、日本は高度成長を遂げた

	実質GNP成長率（%）		総固定資本形成比率（%）	
	1964〜68年	1969 〜 73年	1964 〜 68年	1969 〜 73年
日本（会計年度）	10.2	9.1	30.0	36.5
カナダ	5.8	4.8	22.6	21.4
アメリカ	5.2	3.0	16.9	17.1
オーストラリア	5.5	4.3	26.9	26.3
オーストリア	4.3	6.6	27.8	29.1
ベルギー	4.4	5.5	22.0	20.8
デンマーク	4.9	5.3	22.5	23.5
フランス	5.3	6.1	24.8	26.4
西ドイツ	4.3	4.9	25.7	26.3
イタリア	5.1	3.9	17.8	19.7
オランダ	5.7	5.4	25.4	24.9
イギリス	3.1	1.9	19.0	19.6

（備考）1．OECD "National Accounts 1961〜1973" 経済企画庁「国民所得統計年報」により作成。
2．(1)は５年間の複利計算で求めた実質GNP成長率。
(2)は各年の総固定資本形成比率の平均。
出典：内閣府経済白書、昭和50年年次経済報告を元に作成

た。**長期的な視点で見れば、格差はむしろ縮まっていると言える。**現在の日本では、たいていの人がわずかでも貯金を持っている。

日本人の貯蓄率は、恐らく世界一だろう。この貯蓄が戦後の日本では投資に注がれ、うまくいった。個人が預けた金を銀行は次々と企業設備に投資し、その投資効率も当時は非常に高かった。戦後約一五年で、日本の総固定資本形成比率は欧米の主要な国のどこよりも高い数値になった（総固定資本形成とは、政府と民間が行う実物投資の総額。インフラや建設、住宅、設備投資など）。さらに各国のほぼ二倍に及ぶ高度

図9　日本人は現金・預金で資産を持つのが好き

〈各国の家計金融資産構成比〉

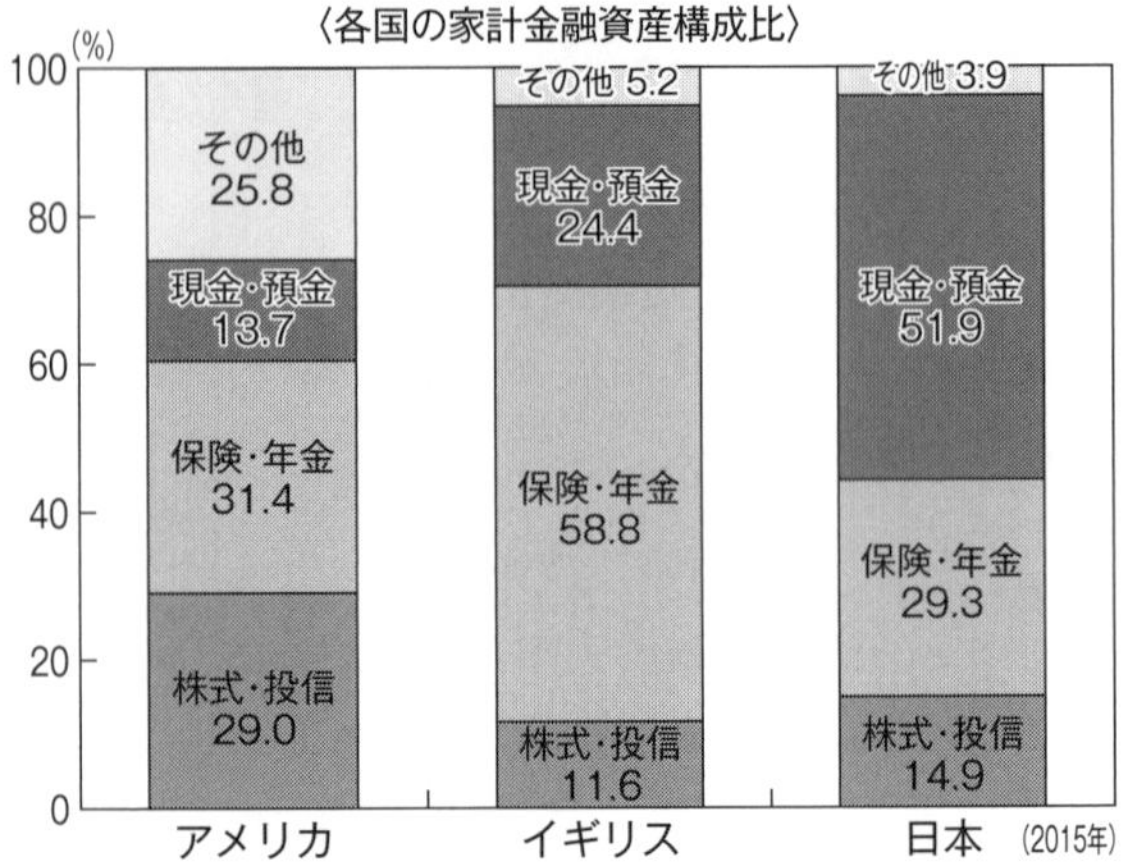

図10　日本の投資比率はアメリカの２分の１以下

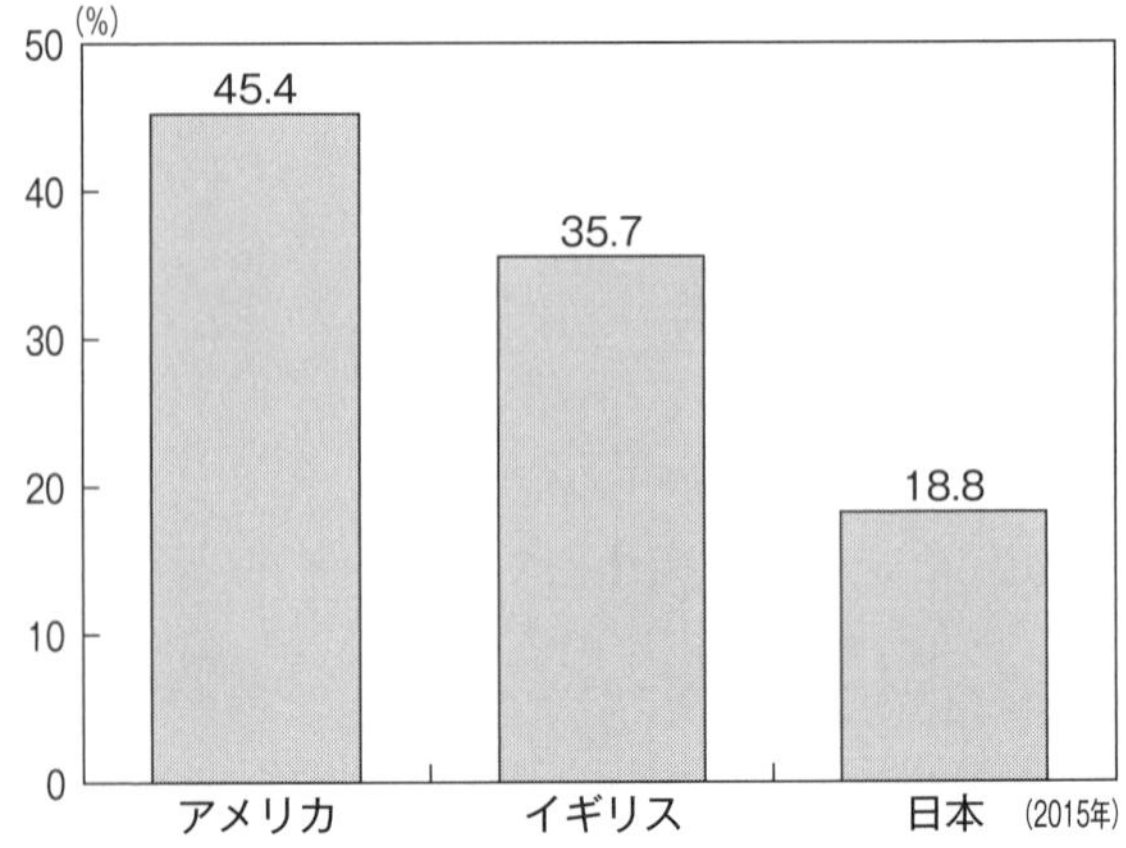

(注)年金・保険等を通じた間接的な保有を含む。
図9・10出典：金融庁「平成27年度金融レポート」を元に作成

成長を実現させ、世界で最も成功した国になったのだ（図8参照）。それは驚くべき偉業である。

残念ながら、現在の日本ではアメリカやイギリスと比べるとそこまで積極的に投資が行われていない（図9、10参照）。日本政府はなぜか、お金を貯めて投資をしようという人たちに損をさせるような政策を次々と打ち出している。結果、多くの日本人は金を日本から持ち出して、もっといいリターンが得られる国へ持っていってしまった。日本で投資を続けても、何の利息もつかないからだ。日本政府は愚策ばかりを弄して貯蓄と投資に励む富裕層から見放され、自国の経済を破壊しているようにしか見えない。世界の資産が西欧諸国からアジアに移っているいま、日本だけがアジアの中でぽつんと取り残されているように思えて仕方ない。

もし私が日本の総理大臣になったなら

もし私が日本の総理大臣になったら、真っ先に着手するのは次の三つである。歳出の大幅

図11　日本政府に入ってくるお金、出ていくお金

日本政府が１年で使う予算（一般会計歳出）

（単位：億円）

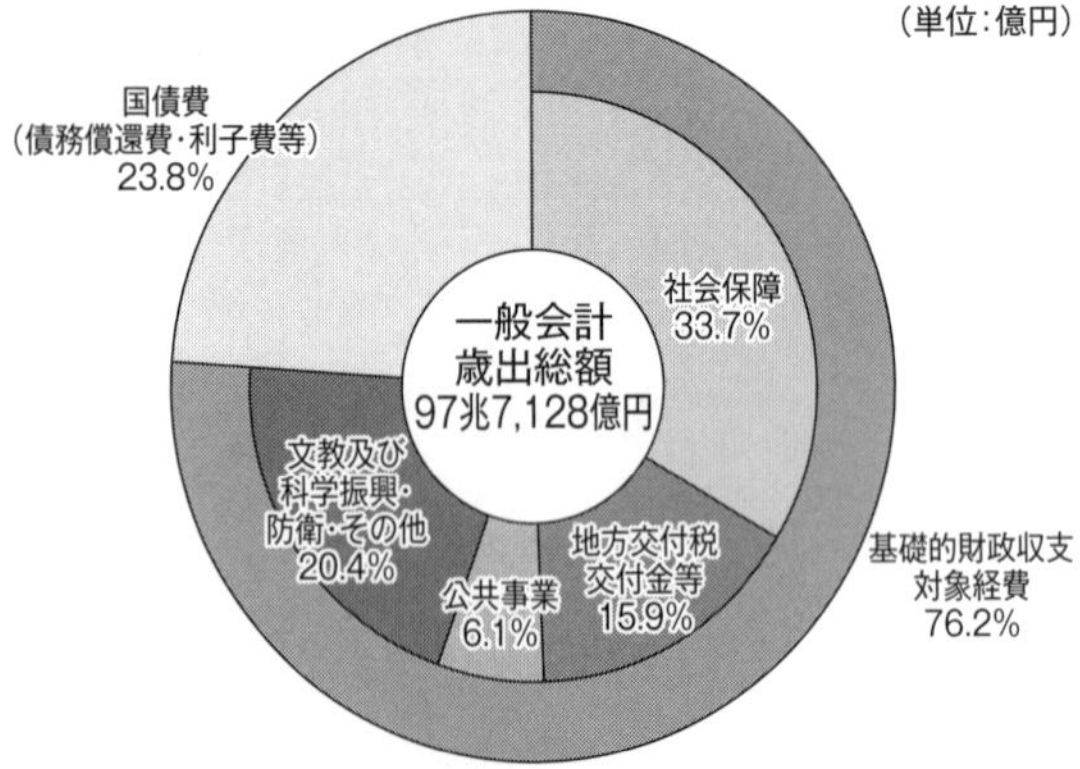

国債発行を除くと歳入は約65兆円

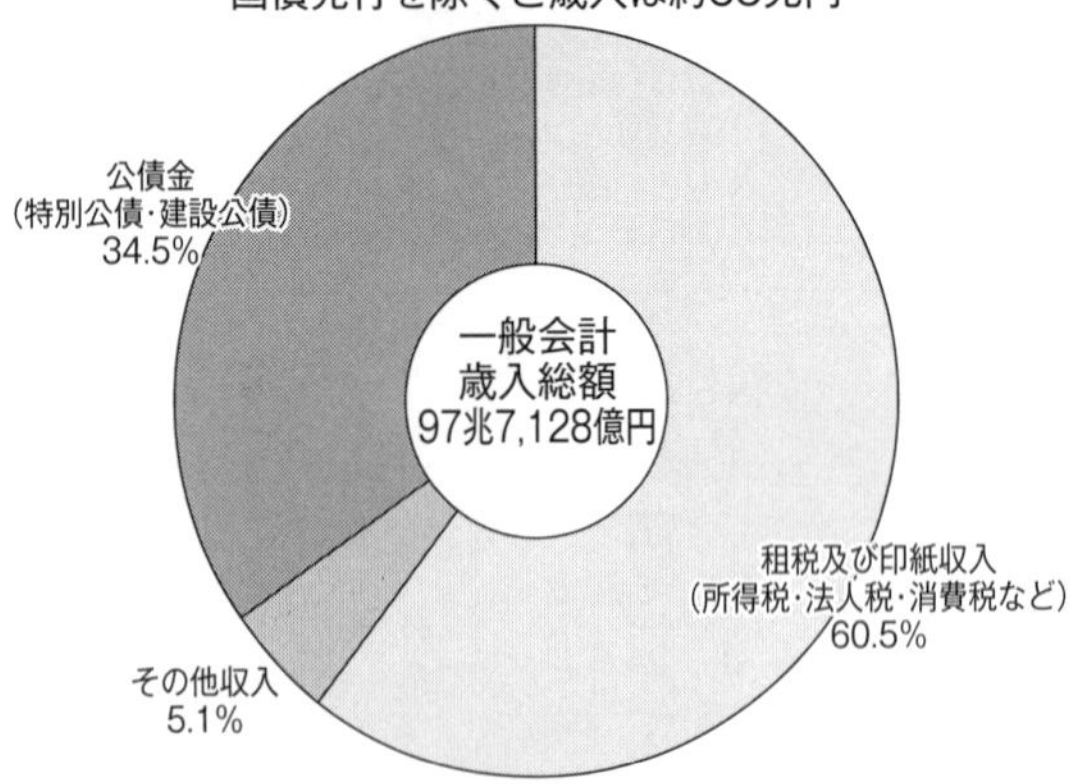

※「基礎的財政収支対象経費」とは、歳出のうち国債費を除いた経費のこと。当年度の政策的経費を表す指標

※「一般歳出」（＝「基礎的財政収支対象経費」から「地方交付税交付金等」を除いたもの）は、588,958（60.3%）

（注１）計数については、それぞれ四捨五入によっているので、端数において合計とは合致しないものがある。

（注２）一般歳出※における社会保障関係費の割合は56.0%。

出典：財務省ＨＰを元に作成

カット、貿易の活発化、移民の受け入れだ。

①チェーンソーで歳出を大幅カット

二〇一八年、日本の一般会計の歳出（政府が使う金の予算）は約九八兆円。新規国債発行を除く歳入は約六五兆円であり、歳入に対して歳出が多すぎる。歳出の内訳は、約三四パーセントが社会保障、約一六パーセントが地方交付税交付金等、約六パーセントが公共事業（図11参照）。**とりわけ公共事業には、必要以上に金が投入されている**と感じる。私なら日本の歳出を斧で、いやチェーンソーで、思い切り削減するだろう。

②関税引き下げと国境の開放

続いて、貿易の活発化。関税を引き下げ、国境をさらに開放して、自由貿易の流れを促進する。日本の産業は、保護されすぎている。農作物も製造業の製品も、すべてが高すぎる。**日本は戦後、世界各国との貿易によって経済復興を遂げた「貿易立国」なのだから、保護主義に走ってても何もいいことはない。**

図12　科学・工学等の分野を専攻する学生の比率は、国により大きな差がある

2008年に卒業した全大学生に対する科学、技術、工学、数学（STEM分野）を専攻し修了した学生の比率（%）

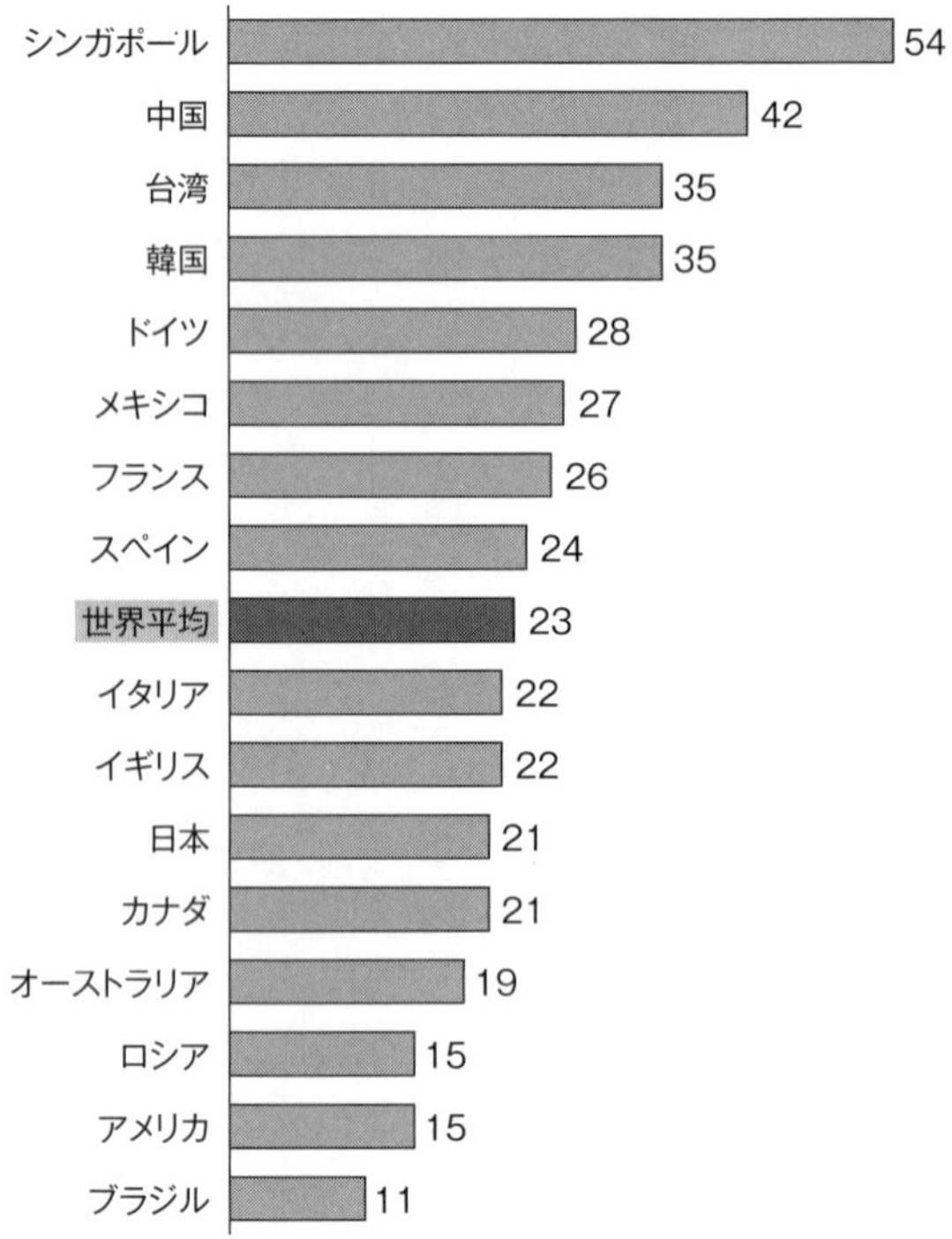

注：STEM分野の定義は、物理、化学、生物などの科学分野、数学コンピュータ・サイエンス、建築学および工学。

出典：全米科学基金作成の「科学・工学指標2012年版」。対象として選んだ地域、国の大学生の取得した第一学位調査・2008年以降の最新データ。シンスタット（シンガポール統計局）。マッキンゼー・グローバル・インスティテュート分析。『マッキンゼーが予測する未来』285ページより。

③移民の受け入れ（ただし慎重に）

そして再三述べているように、少子高齢化の日本を救うには移民を受け入れる以外に方法はない。ただ、**受け入れ方には慎重を期する必要がある**。一気に多くの移民を受け入れないよう、コントロールしなければならない。

先に例を挙げたドイツやシンガポールのように移民を急に受け入れると国民の反感を買うし、ただでさえ日本人は外国人を嫌う傾向が強いからだ。

さらに、もう一点付け加えるとすれば、**日本は、エンジニア育成に国費をもっと投じる必要がある**。現在中国では、日本の一五倍ほどの人数のエンジニアを輩出しており、それが国力の源泉になっている。あなたも百度《バイドゥ》、アリババ、テンセント、華為《ファーウェイ》の四社の名前を聞いたことはあるだろう。それらの企業は、優れたエンジニアがいるからこそ大成功している。

エンジニア育成といっても、才能とやる気がある人にきちんと国費を投じないと、ひどいことになる。私のようにエンジニアに向かず、なろうという気もない人間が金をもらっても意味がない。中国でエンジニアになると、将来の成功は保証されたようなものだ。だから才能ある若者はエンジニアを目指す。そして才能あふれるエンジニアが輩出されるという、好循環が生まれている。

アメリカでは、いまだに弁護士や医者を目指す傾向が強い。その方が収入がいいとみな思い込んでいるからだ。だから、たとえエンジニアに向いていても弁護士や医者を志すことになる。**肝心なのは「エンジニアで成功すると、財を成せる」と若者たちに知らしめることだ。**そのために、教育が必要になる。

教育は政府がコントロールしているので、ある意味「洗脳」と言ってもいいかもしれない。アメリカの学校では、全校生徒が一日の始まりにアメリカ国旗に忠誠を誓い、国歌を歌うことになっている。「ここは自分たちにとってふさわしい場所、ふさわしい国で、アメリカ人でいられるのはなんと素晴らしいことなのだろう」と思わせるために。小学校に入学して、すぐにこう思い込まされる。

アメリカ史も、世界史も、アメリカ式に教えられる。初めて中国を訪ねた時、私は実を言うと内心怖くてたまらなかった。中国人は邪悪で、悪意があり、残忍で、危険な国民であると、それまで読んだもののせいで思い込んでいたからだ。アメリカのプロパガンダではそう教えられていた。実際に中国へ行って、それが完全なる間違いであることがわかった。アメリカだけではない。日本、韓国、中国——どこも自国独自の教育を施している。ほとんどのプロパガンダは事実をねじ曲げているのだ。

話を元に戻すと、教育は人々の思想をコントロールするほどの力を持っているということだ。「エンジニアで成功すると財を成せる」というのは、決して間違った思想ではない。だからなおさら、子どもが小さいうちから、エンジニアが将来有望な仕事であるということを教えていかなければならない。

もし私がいま四〇歳の日本人ならば……

この章の冒頭で、私はこのように述べた。「もし私がいま一〇歳の日本人ならば、自分自身にAK‐47を購入するか、もしくは、この国を去ることを選ぶだろう」と。ただ、私が四〇代の日本人だったらどうだろう。いきなり自分の国から出て行くというのは、いささか難儀なことかもしれない。

そこで考えるのは、**農場を買うこと**だ。いま、日本の農地や農場は安い。誰も買おうとしないからだ。安い農場を見つけ、そこで働いてくれる人材を見つけるべく、最善を尽くすだろう。外国人労働者に来てもらうのが手っ取り早いのだが、元気な壮年期の人たちにやってもらうのも手かもしれない。最近の六〇代は、定年退職した後でも体力と頭脳が有り余っている。そんな人たちに働いてもらいたい。

あるいは、**古民家のチェーン事業**を始めるのもいい。私だったら、従業員には外国人を雇う。外国人の働き手を確保するべく、**教育事業にも着手**するだろう。募集・採用にはきっと苦労しない。韓国や中国、インドでは大学が不足しており、逆に人口減少している日本では大学が余っている。人口比に対して大学が不足している国から、学生たちを呼び寄せるのは容易だ。そうして学生を採用し、日本の大学で勉強させるべく教育を施す。

そのようなビジネスを手掛ければ、四〇代でも日本でやっていくのは可能かもしれない。

そう、**これから逆風にさらされる日本で生きていくには、海外と関わることが絶対必要条件になる**。だからこそ、いまのうちから日本、ひいては東アジアを取り巻く各国の情勢に目を向けてもらいたいのだ。

第二章

朝鮮半島はこれから「世界で最も刺激的な場所」になる

二〇一八年四月、北朝鮮のトップ・金正恩《キムジョンウン》と韓国大統領・文在寅《ムンジェイン》が南北首脳会談を行った。同年六月には、米朝首脳会談が開かれ、北朝鮮の開国は急速に進んでいる。ジム・ロジャーズは、こうした動きを数年前から予測しており、北朝鮮投資への期待を語っていた。現実がジムの予想した通りに進むなか、世界的な投資家は「次なるお金の流れ」をどう見ているのだろうか。

この数年、韓国経済は停滞にあえいでいる。しかし、ジムは「朝鮮半島（韓国と北朝鮮）は、五年後に『アジアで一番幸せな国』になるだろう」と断言する。「投資の神様」が見通す、やがて朝鮮半島に訪れる刺激的な未来とは。

朝鮮半島が迎える劇的な変化

南北の統一が進めば、韓国経済が抱える問題はすべて解決する

北朝鮮はこれから二桁成長を遂げる

日本にもほど近い朝鮮半島――。この地は、これから激動の時代を迎えるだろう。韓国と北朝鮮が統一されるからだ。

現在、先進国の経済は停滞ムードに入っている。しかし韓国と北朝鮮は、これから二〇二〇年、二〇二二年あたりにかけては、他の国ほど不景気の影響を受けないだろう。北朝鮮の経済状況はいま、世界の最下位と言ってもいいほど低レベルにあるが、それは中国の鄧小平政権における、一九八〇年代前半の頃と同じだ。一九八一年、中国では計画経済の下で市場

経済を発展させる、という決定がなされた。中国が外に対して開かれるようになってから何が起きたか、あなたもよく覚えているだろう。そう、劇的な経済成長だ。

それと同じようなことが、北朝鮮にも起こる。もちろん韓国と北朝鮮にも世界経済の影響は及ぶし、貿易の比重が高い韓国のような国はとりわけ困難にぶつかるかもしれないが、そこまでのダメージにはならない。北朝鮮開国による変化がそれだけ巨大だということだ。北朝鮮は恐らく二桁《けた》以上の非常に速い経済成長を遂げる。**韓国・北朝鮮は今後一〇~二〇年の間、投資家に最も注目される国になるだろう。**

だからこれからの数年、朝鮮半島はとても刺激的な場所になる。二つの国は同じ言語を話し、同じように金属製の箸を使う。互いをよく知っており、規律正しい。どちらも賃金が安く、とてつもない量の天然資源がある。

統一には非常に多くの資金が必要になると思うが、南北協力による軍備支出削減が相当あるはずだから問題ない。韓国だけでなく、北朝鮮の軍備支出削減もある。加えて朝鮮半島の周辺には、豊かな国が揃っている。一九九〇年に東西ドイツが統一した時、周辺には裕福な国がなく、外国からの投資を望むことができなかった。反面、朝鮮半島は中国やロシアのように十分な投資余力を備えた近隣諸国に囲まれている。資金面での大きな心配はいらない。

時期的に、統一はいつ頃になるだろう。私は、外部環境が整えば北朝鮮はすぐにでも開放されるのではないかと見ている。**真っ先に開かれるのは、ツーリズムではないか。**八〇年間も閉鎖されていた国がどんなところか、みな見ようと押しかけてくるだろう。

二〇一八年四月に開催された南北首脳会談は、今後の両国の関係を象徴するかのような劇的な出来事だった。この良好な関係性がずっと続けば、両国は世界で最もすばらしい統一国家になるだろう。前述したように、他の国が崩壊しつつあっても、韓国・北朝鮮は崩壊するレベルが低い。すべてがうまくいけば、二国は劇的に台頭してくる。実に楽しみだ。

北朝鮮の開国で韓国の少子高齢化問題は解決する

韓国の首都ソウルは、私が大好きな都市の一つだ。初めて訪れたのは一九九九年で、その時はまだあまり発展していない都市だったことを覚えている。「アメリカの小さな州とあまり変わらないな」と思ったものだ。それでも、地域によって食べ物や言葉のアクセントなど大きく異なっていることに驚かされた。韓国はかつて英語でHermit Kingdom（隠者王国：一六三六〜一八七六年頃の朝鮮につけられた名前）と呼ばれていた。外国に対して閉鎖されており、その間に、地方によって異なる文化が発達したのだろう。

韓国に名所史跡がいくつあるのかも、私はまるで知らなかった。歴史を見ると、いくつかの時期に繁栄していて、巨大な富も蓄えている。それほど韓国の歴史には無知だったのだが、世界のほとんどの人は私と同じようなレベルなのではないか。これまで韓国は、国際舞台において日本や中国のように重要な国ではなかったからだ。

韓国ではカイコのフライを食べたこともある。この国には食をはじめとして興味深いものが実にたくさんある。個人的には東京びいきではあるが、これからの二〇年は日本が衰退し、韓国が伸びて刺激的な国になるだろう。

なぜ日本よりも韓国の方が伸びると断定できるのか？　その理由は主に二つある。第一には、冒頭で述べたように韓国と北朝鮮が統一し、新たな国家が生まれるからだ。**両国は互いの欠損部を補い合い、長所を活かして、飛躍的に成長を遂げるだろう。**第二の理由としては、韓国の人々の気質が、日本人よりも多少オープンだからである。日本よりも変化を好み、受け入れる土壌がある。

日本と同様に、韓国もまた少子高齢化問題を抱えている。二国とも、女性が足りないのだ。多くの人は「アジアには男性が足りない」と言うが、本当に必要なのは女性である。『朝鮮日報』によれば、二〇二八～二〇三三年には韓国人の男女の比率が約一二〇対一〇〇となり、単純計算して男性の方が二〇パーセントも多くなるという。

すでに韓国では、多くの農業従事者たちが花嫁を探しにベトナムへ行っている。自分の国では見つからないのだ。それが日本だと、どうだろう。外国人の嫁をもらうくらいなら一生独身を貫く、という人が多いのではないか。そういう意味では、韓国の方が少しオープンだと言える。

北朝鮮の女性が韓国に入ってきた際は、さらに花嫁候補が増えるに違いない。北朝鮮では、女性が不足しているということはない。北朝鮮の人々は、日本・韓国と違って子どもを欲しがる。日本や韓国をはじめ、台湾、シンガポールで起きたような少子高齢化によって北朝鮮が凋落《ちょうらく》する可能性は低い。韓国・北朝鮮が統一されて新しい国が生まれると、日本や台湾、シンガポールにはないものがきっと出てくるだろう。

韓国財閥は良くも悪くもキープレイヤーとなる

新興スタートアップが望まれるが、北朝鮮開国には財閥が大きな役割を果たす

文在寅政権の責任

とはいえ韓国も、世界的に見ればまだ開かれていない国である。とりわけ昨今の韓国経済は、官僚的・閉鎖的な経済構造に陥っている。韓国は一九九七年に起こったアジア通貨危機のさなかも比較的躍動的だったが、そんな二〇～三〇年前とは対照的に、いまは少数の財閥に資本と権力が集中している状態だ。**韓国の株価指数のうち、実に半数以上が五大財閥（サムスン、SK、ヒュンダイ、LG、ロッテ）に独占されている**（図13参照）。

図13　韓国株式の半分以上を5大財閥が占めている

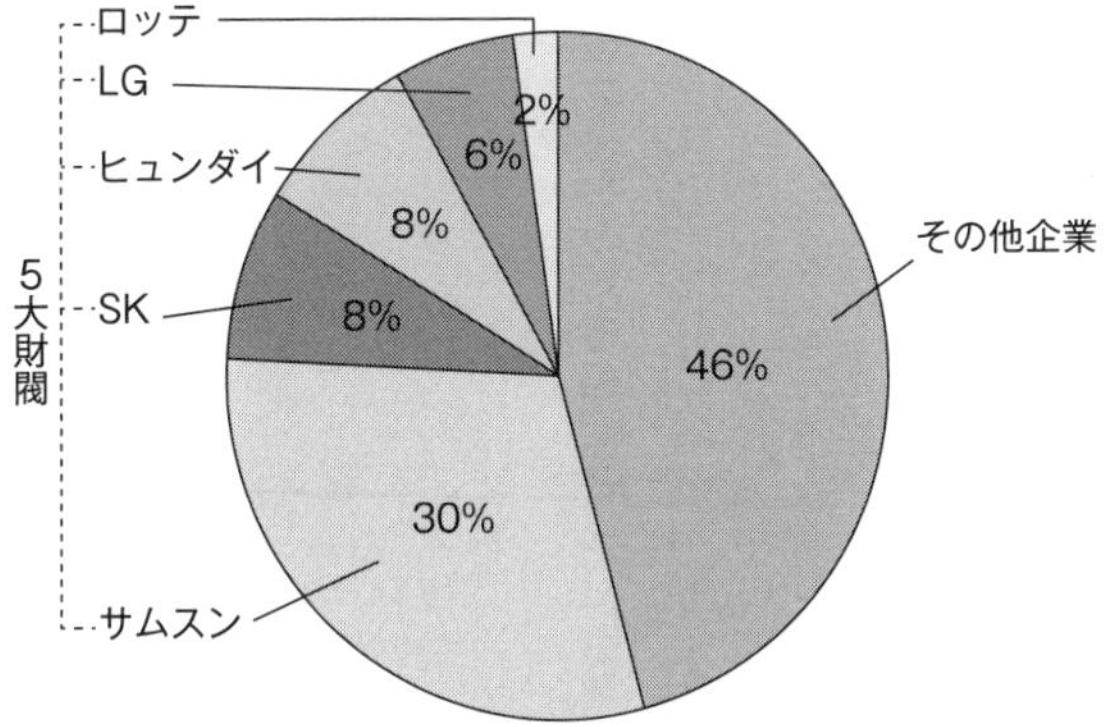

Note: Weightings in the benchmark Kospi Index of listed companies belonging to five biggest conglomerates as of April 2018.

出典：ブルームバーグ2018年10月5日記事「South Korea's Chaebol」を元に作成

財閥というのは不思議な存在で、アメリカには一つもない。英語にない概念なので、財閥を意味する「チェボル」という韓国語はそのまま英語にもなっている。

いわゆる韓国式家族経営企業のことだが、韓国株式の時価総額上位三〇社のうち、財閥系列ではない会社はたったの五社しかなかった。世界中を見渡しても、これほど少数の企業に資本と権力が集中している例はない。

文在寅大統領は二〇一七年の就任以来、「韓国経済のパラダイム見直し」との考え方に基づき、「所得主導」と「イノベーション」という二つの軸で成長政策を推し進めようとしている。ただし、果たして効果があるのか、はなはだ疑問だ。

世界中どの国にもイノベーション促進の政策と目標があるし、どの国もイノベーションと起業を奨励するだろう。「あなたはイノベーションに賛成ですか、反対ですか」と聞けば、どんな政治家も賛成だと言う。

誰も彼もがイノベーション、と声高に叫ぶが、だから何だというのか。その政治家は何か具体的なことをしているだろうか?

韓国の子どもたちの「なりたい職業ランキング」が示すもの

二〇一七年、韓国のテレビ局(KBS第一)に呼ばれて韓国へ行った。私の特集番組を作りたいと言われ、その収録のために出向いたのだ。そこで知ったのだが、韓国のティーンエイジャーにとって将来なりたい職業の第一位は、公務員だという。さらに、「ハンギョレ新聞」によれば聞く対象を小中高生に広げても、なりたい職業の一位は一一年連続で「教師」(公務員)だというのだ。日本の結果と比べてほしい(図14参照)。

図14　日韓の子どもたちが選んだ「大人になったらなりたい職業」

日本（男の子）	日本（女の子）	韓国（小学生）
❶学者・博士	❶食べ物屋さん	❶教師
❷野球選手	❷看護師さん	❷スポーツ選手
❸サッカー選手	❸保育園・幼稚園の先生	❸医師
❹お医者さん	❹お医者さん	❹料理人
❹警察官・刑事	❺学校の先生（習い事の先生）	❺警察官
❻大工さん	❻歌手・タレント・芸人	❻歌手
❼消防士・救急隊	❻薬剤師さん	❼法律家（判事・検事・弁護士）
❽食べ物屋さん	❽飼育係・ペット屋さん・調教師	❽プロゲーマー
❾建築家	❾ダンスの先生・ダンサー・バレリーナ	❾パン屋・菓子屋
❾水泳選手	❾デザイナー	❿科学者
❾電車・バス・車の運転士		
❾料理人		

※いずれも2017年調査。日本は第一生命保険調べ。韓国は聯合ニュースが報じた「進路教育の現況調査」から
出典：産経新聞2018年1月21日記事を元に作成

私は、この安定志向は問題ではないかと思う。他の国に行って一六歳前後の子に「将来は何になりたいの？」と聞けば、サッカー選手だとかロックスターとか、映画スターといった答えが返ってくる。一一年連続で公務員が人気ナンバーワンだなんて、世界の歴史を見ても珍しい。これは、政治家が口では革新、イノベーションと言っておきながら、国の若者たちに大きな夢を抱かせることさえできていないという表れではないか。

ソウルには考試村という、大学入試や公務員試験を受けるべく学生たちが特別な安宿に泊まり、試験勉強に励む地域さえある。合格率が一・八パーセントに過ぎない公務員試験

に挑戦する彼らの努力はすごい。しかし、この現実は非常に残念だ。**若者たちに挑戦よりも安定を追い求めさせる社会では、イノベーションは起こりにくいと言わざるを得ない。**

文在寅大統領は、もちろん何か対策を打たなければならない。起業したくない子どもがこれほど多いのだから。アメリカのシリコンバレーでは、ほぼすべてのティーンエイジャーが起業を考えている。家のガレージから、一つでもＩＴ企業を興そうとしている。

イノベーションと口で言うのは簡単だ。しかし、その革新は社会から出てこないといけない。韓国が北朝鮮に開かれれば、この保守的な傾向も少しは軽減されるだろうが、現在の韓国社会はまだそこまで開かれていない。

米中貿易戦争の影響やいかに

とはいえ、二〇一七年の韓国の実質ＧＤＰ成長率は三・一パーセントと、三年ぶりに三パーセント台に乗った。特に半導体輸出の伸びは顕著で、五七・四パーセントという高い成長率を記録している。ただ、今後のトランプ大統領による米中貿易戦争のゆくえによって、半導体産業はもちろん、すべての産業に歯止めがかかるだろう。

「中国への貿易依存度が高い韓国は、貿易戦争の当事者である中国よりも経済的な打撃を受ける」というブルームバーグ・エコノミクスの分析がある。中国の輸出用部品輸入が一〇パーセント減ると、韓国の成長率は〇・九ポイント減ると予測されている。中国への貿易依存度が高い地域は他にも台湾やマレーシア、日本などがあるが、最も大きな影響を受けるのは韓国だと言われている。これについては、予断を許さないだろう。

世界中の資金が朝鮮半島に流れ込む日

二〇一八年六月に、外国人投資家による韓国からの資金引きあげが話題になった。それは、一つには戦争の可能性を懸念したからだ。米中貿易紛争とそれに触発された為替戦争で、外国人投資家が新興国に不信感を抱くようになった。しかし北朝鮮が開かれて韓国と平和を築けば、多くの資金が世界中から韓国に流れ込んでいくだろう。

好調なサムスン電子を筆頭に、財閥系企業の業績が韓国経済を下支えしている。**この状況は、北朝鮮が韓国に開かれれば、さらに勢いを増すだろう。**そのような財閥系企業が北朝鮮に投資をする金を持っているからだ。

韓国における財閥系企業の存在感は、ちょっとしたものである。先ほども述べたように、韓国株式の時価総額上位三〇位の企業のうち、実に二五社が財閥系なのだ。

たとえばサムスンは、成功を体現したかのような偉大な企業である。もしあなたが韓国に生まれたとしたら、恐らくサムスン病院で生を享《う》け、サムスン病院で息を引き取るだろう。そしてサムスンの葬儀会社によって埋葬される。それほどまでに、サムスンは韓国人のゆりかごから墓場まで支配している。まったく、偉大なるサクセス・ストーリーだ。

財閥企業頼りの経済構造には、問題点ももちろんある。ただ、それはすでに市場原理や社会の力によって改革されつつある。概して、成功者のほとんどは無理をしすぎる。頑張りすぎて、行き着いた先に競争が入ってくる。

とりわけ北朝鮮が開かれると、多くの人が入っていき、北朝鮮からも起業家が出てくる。中国の起業家も朝鮮半島に入っていく。人材だけではない。お金も、中国、ロシア、さらに日本から流れ込むだろう。熾烈《しれつ》な競争がもたらされる。

私が北朝鮮に投資したいと断言する理由

豊富な資源、勤勉で教育水準の高い国民性……北朝鮮のポテンシャルは高い

もともと北朝鮮は韓国よりも豊かだった

現在は世界の最下位にあると言ってもいい北朝鮮だが、**つい最近、一九七〇年まで、この国は韓国よりも豊かだった。**北朝鮮の一人当たり国民総所得は一九六〇年代の初頭までうなぎ上りに成長していた。それが逆転したのは、ひとえに北朝鮮が共産主義だったからだ（図15参照）。

共産主義は何もかも台無しにする可能性がある。ただ、いまも北朝鮮には、昔持っていた強みが残っている。

図15　北朝鮮、韓国の1人当たり実質国民総所得の推移

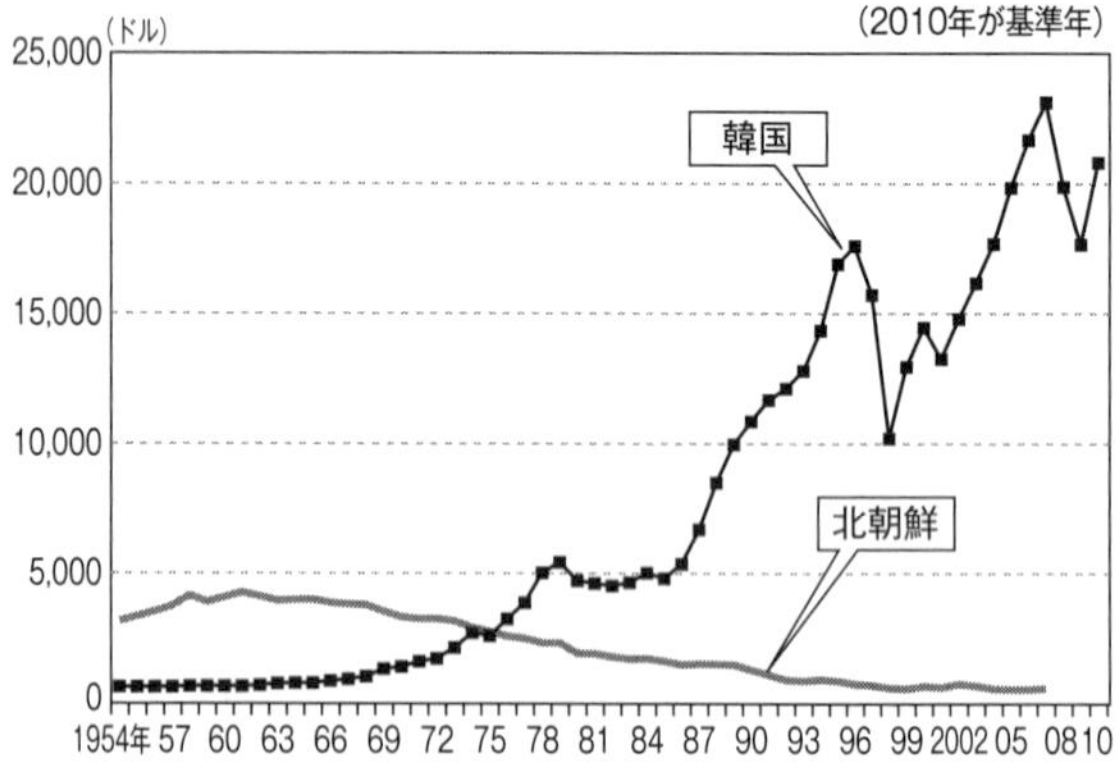

キムビョンヨン(2008) 34ページ、韓国統計庁データベース、韓国開発研究院(1995) 751ページ、U.S. Department of Labor Bureau of Labor Statistics データベースにより作成。(注) 2010年を基準年として各年の実質GNIを導出した。

出典：日経ビジネスオンライン2012年1月12日「韓国を凌駕していた北朝鮮経済」(高安雄一)を元に作成

たとえば**北朝鮮の人々は、日本人と同じように子どもの教育に熱心で、しっかりしつけもする。一生懸命働き、貯金をする。これは、経済的に発展するための条件だ。**中国や日本だけではない、アメリカやドイツもこれと同じような時期を歴史上経験している。いまは北朝鮮がその時期に差しかかっているのだ。

私は北朝鮮には二回しか行ったことがないが、その際目にした彼らの働きぶりは、目を見張るものがあった。

中朝国境付近の中国側地域に行くと、何千人もの朝鮮人が住んでいる。彼らは朝鮮服を身につけ、朝鮮の祭日を採り入れ、朝

鮮語を使っている。彼らは祖国に戻るべく、変化が起こるのを待ち望んでいるのだ。

北朝鮮がひそかに進めている開国準備

北朝鮮は昨今、多くの人材をシンガポールや中国に送りこんでいる。起業や資本主義、所有権や株式市場について学び、開国の準備をしているのだろう。現在の北朝鮮にはまだ株式市場がないが、いざ作った時のために、市場がどのように機能するのかいま学んでいる最中なのである。シンガポールに来る北朝鮮の人は、みな若くて頭がいい。企業から派遣されているのか、政府から派遣されているのかはわかりかねるが、シンガポールへ来ることを政府が承認していることは明らかだ。そのように外国との行き来が盛んになっているためか、他国にも北朝鮮系のレストランができ始めている。

また北朝鮮には現在、「自由貿易地域」と呼ばれる場所が一五カ所ある。国際マラソンなど国際スポーツイベントが開かれる場所、または国際スキーリゾートなどがそれだ。

開城《ケソン》工業団地を知っているだろうか。北朝鮮側、軍事境界線のほんの先にある、韓国が作った産業地帯のことだ。そこに複数の工場があり、北朝鮮の職員たちが毎日やってきて働いていた。働くのは北朝鮮人たちで、儲けるのは一二〇余りの韓国の企業だ。

開城工業団地は、二〇〇四年に操業を開始したが、二〇一六年の北朝鮮による長距離ミサイル発射により操業を停止した。以来、二〇一八年現在まで事実上停止している。いま刑務所に入っている朴槿恵《パククネ》前大統領の指示によるものだ。

しかし実際のところ、**北朝鮮側は密かに工業団地の工場を稼働させており、二〇一八年八月には、韓国側も電力を供給する、と発表した。**かつて事業を行っていた韓国企業のうち、約九六パーセントは事業を再開したいと望んでいるということだ。ヒュンダイやロッテ、KTなどの大手企業グループも参入を狙っている。両国が統一され、開城工業団地が名実ともに操業開始されるのも時間の問題だろう。

金正恩はどのような指導者か

共産主義の国がこれほど急進的な変化を遂げているのは、第一に、国家のリーダーが変わったからだと言えよう。金正恩は幼少期をスイスで過ごした人物で、完全なる「北朝鮮人」

とはどこかが違う。だからこそ、父親の金正日《キムジョンイル》に後任を任されたのではないか。彼だけではない。北朝鮮の将官たちは、若い頃に北京や上海、モスクワなどの都市に駐在した経験がある。自分たちが赴任した三〇年前といまとを比べ、「北京やモスクワはあんなに変わっているのに、ピョンヤンは時代遅れのままだ」とため息をつく。そんな外の世界を知る者たちが国のトップ層に就くことによって、北朝鮮では前向きな変化が起き始めている。

金正恩によってもたらされた新しい風と、昔から培われてきた勤勉な国民性――それを韓国の経営能力や資本へのアクセスというノウハウとうまく合わせると、非常に刺激的な国になることは間違いない。すでに人手不足に陥っている日本とは対照的に、朝鮮半島には安い労働力、若い女性という新しい人的資源がある。

実際、北朝鮮の経済成長率はこの二〇年でじわじわと伸びている（図16参照）。

一九九九年には前年比六パーセントという高い成長率を達成し、二〇一六年には日本・韓国・アメリカを上回る成長率を記録している（図17参照）。

二〇一七年は、国際社会からの経済制裁や干ばつによって落ち込んだが、今後も北朝鮮の経済成長率はぐんぐん上がっていくことだろう。

図16　北朝鮮と韓国の経済成長率の推移（前年比増減率）

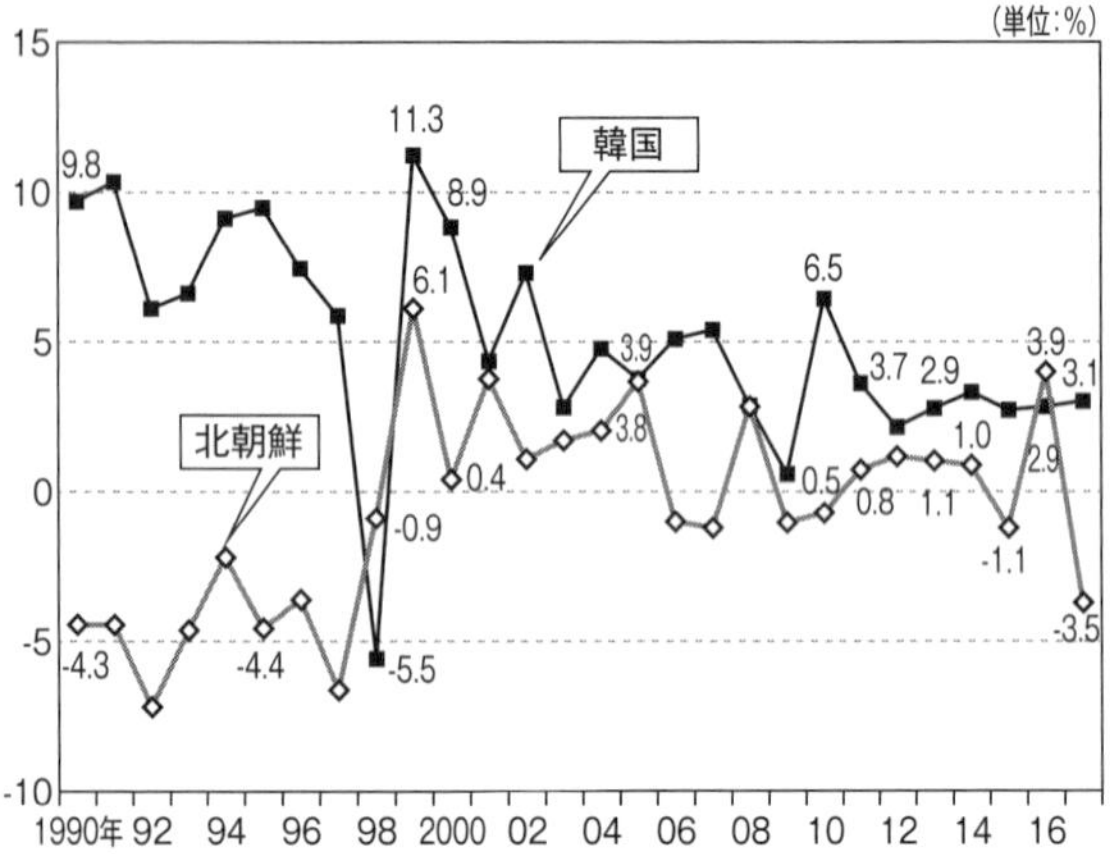

出典：公益社団法人日本経済研究センター「経済制裁が北朝鮮の生産活動にも打撃」2018年8月6日記事を元に作成

図17　2016年の北朝鮮の成長率は日米韓を上回っていた

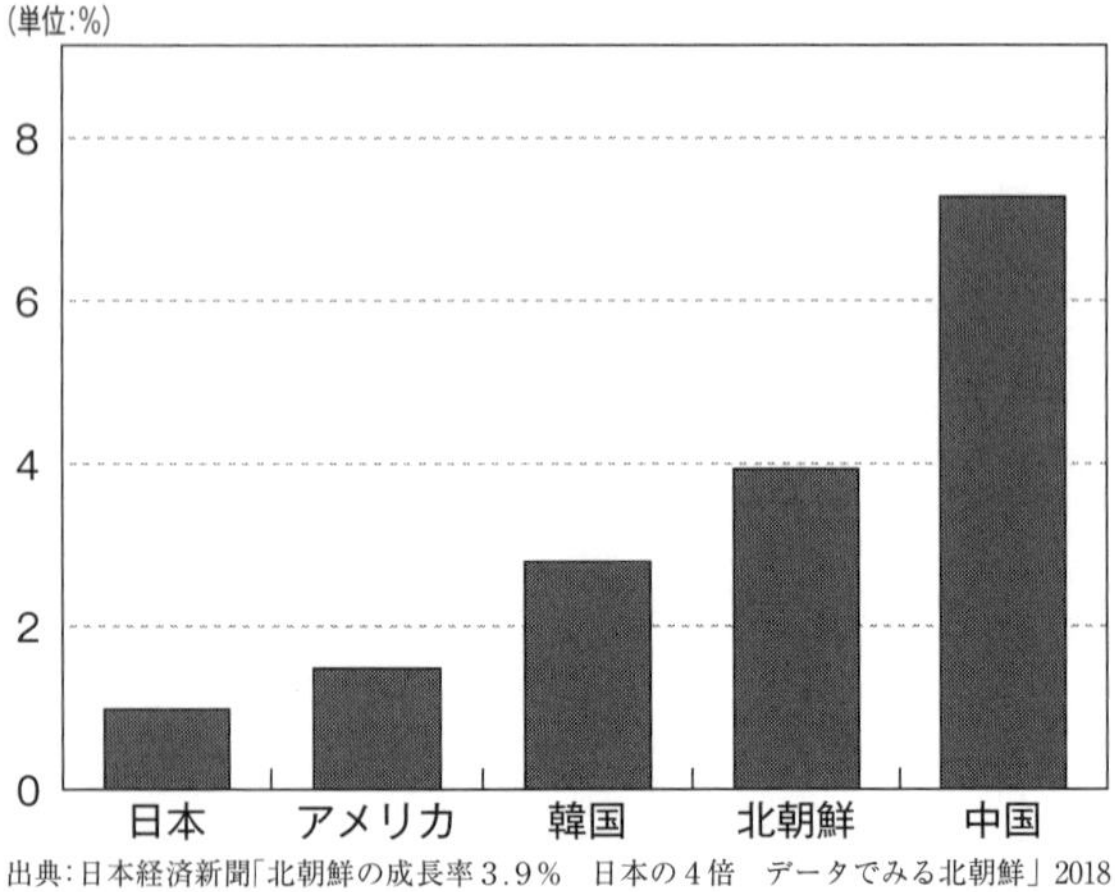

出典：日本経済新聞「北朝鮮の成長率３.９％　日本の４倍　データでみる北朝鮮」2018年6月7日記事を元に作成

朝鮮半島統一の恩恵を受ける産業は何か

多くの選択肢があなたを待っている

私が大韓航空に投資する理由

今後五年の間に朝鮮半島でとりわけ急発展する産業は何かと聞かれたら、私はまずツーリズムと農業を挙げる。先の二つは奇しくも日本と同じだが、理由は異なっている。他に、鉱山業、漁業、アパレル産業も期待大だ。

私が現在持っている韓国株は大韓航空のものが中心だが、それは韓国のツーリズムに将来性があると思っているからだ。韓国の人は、みな北朝鮮がどんな国か見たいと思ってうずうずしている。ひとたび北朝鮮が開かれれば、ツーリズムへの投資が爆発的に増えるだろう。海外に住んでいる多くの韓国人も、国に戻ってくるだろう。両国の間で何が起きているか知るために。国内旅行も盛んになる。**日本のツーリズムは主にインバウンドで景気づくと第一章で述べたが、韓国の場合は韓国・北朝鮮間の国内旅行によって活気がもたらされると考えられる。**いずれにしても、ツーリズムの将来は明るい。

韓国農業は勃興する

そして、何より農業だ。日本と同様、韓国の農業も高齢化という問題を抱えている。後継者が見つからず、高齢者がきつい肉体労働に励んでいる。

農業従事者は、世界的に最も自殺率の高い職業として知られている。イギリスでは一週間に一人、農業従事者が自殺しているとの調査が発表され社会問題になっているし、インドでは主にひどい気候変動によって農作物が採れなくなり、この二十数年で三〇万人以上の農業従事者が自殺を遂げたと言われている。

しかし農業という産業がこの世から消えてなくなることはない。我々人間は食糧がなければ生きていけないから、必ず誰かがこの産業に携わらなければならないのだ。世界各国で、食糧の消費量は生産量を上回っている。ゆえに食糧の貯蔵量は歴史的に低い状態が続いており、いつ食糧危機が起きても不思議ではない。中国などでは農業支援・保護政策を充実させてなんとか地方の農業従事者の収入を上げるように努めているが、それでも都市への人口流入は食い止められていない。

しかし韓国農業には未来がある。**北朝鮮が開かれれば、多くの若者、安い労働力が韓国農業に参入する**からだ。

韓国の産業はこれから二〇年、幸福な時を過ごす

鉱山業も盛んになる。北朝鮮には多くの鉱床があるからだ。前述したように、一九七〇年代、北朝鮮は韓国より豊かな国だった。その理由の一つが、北朝鮮が多く抱えていた鉱床なのだ。その鉱床はいまでも豊富にある。現在はそれが共産主義によって台無しにされているだけだ。だから**両国が統一されれば鉱山業も再興するし、漁業にも勢いが戻ってくる**。

アパレル産業もいい。特に北朝鮮のような国は人件費が安いので、衣類を安く生産でき

る。少なくともこれからの二〇年、朝鮮半島の未来は明るい。北朝鮮が開国すれば、韓国のどんなものでも注目産業になる。いまの北朝鮮には極端な話、椅子も電気も何もないので、韓国にあるものすべてが恩恵を受けることになるからだ。

北朝鮮関連で投資すべきはこの産業だ

いまは残念ながら、アメリカ人の私が北朝鮮に投資することは違法である。もし投資したら逮捕されてしまう。現段階で北朝鮮に投資できるのは、一部の中国人とロシア人だけだ。投資ができない我々は、蚊帳《かや》の外で彼らが裕福になるのを指をくわえて見ているしかない。もし投資が可能になったら、私はすぐにでも投資を開始する。いまの北朝鮮は一九八一年の中国と同じように、来《きた》るべき大変革に向けて助走をつけている状態だから。

二〇一五年、CNNのインタビューで、私はすでに「北朝鮮に全財産を投資したい」と発言している。当時、周囲では懐疑的な反応が多かった。でも、私が一九八〇年に「中国に投資しなければならない」と言った時にも、周りからは嘲笑を買ったのだ。**他の人たちが考えない新しいアイデアこそが、投資に最も適した答えになる。**

北朝鮮への投資が許可されていない現在、北朝鮮関連で投資するとなれば、どういった産業・銘柄が望ましいだろうか。

大韓航空株以外で私が保有している韓国株は、ＥＴＦ（上場投資信託）だ。ＥＴＦはさまざまな銘柄にまとめて分散投資できるので、安心感がある。韓国企業を代表するサムスンの株はどうかというと、そこまで魅力的ではない。というのも、サムスンはすでに巨大企業で、たとえ朝鮮半島が統一されて大きな変化がもたらされるとしても、この大企業にそこまで大きなインパクトが生じるとは思えないのだ。韓国企業に限らず、中小規模であれば中国やロシアの企業にも朝鮮半島統一の恩恵がもたらされると思うが、これと思える具体的な銘柄はまだ見つかっていない。

北朝鮮への投資が解禁になったら、何に投資すればいいだろう。産業だけで考えてみても、**観光業、物流業**があり、前述した**鉱業**もいい。**電力やコンピュータ**など、さまざまなオプションもある。考えるだけでワクワクする。

考え得るバッドシナリオ

アメリカの動きから目を離してはならない

在韓米軍のゆくえ

以上のような理由で、私は両国の統一を非常に楽しみにしているのだが、唯一うまくいかない要因があるとすれば、それはアメリカである。

アメリカは韓国にざっと三万人近くの兵力を抱えている。なぜなら韓国基地は、中国との国境、そしてロシアとの国境付近でアメリカが軍隊を持てる唯一の場所だからだ。世界地図を見れば一目瞭然である。中国・ロシアを牽制するのに最適な場所は、韓国しかない。そんなすぐにでも戦争が起きそうな場所に自国の兵士たちを駐屯させるのは、ハイリスクすぎると私は思う。しかし、自軍の代わりに日本の自衛隊を連れてこよう、などとでもアメリカが企てたら最後、韓国・北朝鮮にもたらされるはずのポジティブな変化は、消えてなくなる。

では、韓国に次いで中国・ロシアに近い日本でアメリカ軍の兵力を増やすということはないだろうか？　その可能性は、個人的にはないと思っている。日本にはすでに六万人以上ものアメリカ兵がいる。この数は、アメリカ国外では世界で一番多い。

ともかく、**太平洋側でとりわけ重要な位置にある韓国の基地について、アメリカはなんとしても保持しようと思っている。**朝鮮戦争が休戦したのはもう六五年以上も前のことで、以来アメリカ軍が韓国に駐屯しているのは歴史的な成り行きに過ぎないというのに。私はアメリカの納税者だ。戦後六五年間も成り行きで韓国にいるアメリカ軍のために無駄な税金を払っていると思うと、非常に遺憾だ。

北朝鮮に対する経済制裁も、アメリカは世界の中でも最後まで続けるだろう。歴史的に見ると、中国やベトナム、キューバなどに対する制裁もそうだった。他の国々が先に解除したにもかかわらず、アメリカはいつまでも解除しようとせず、最後の方でようやく制裁を解いたという歴史がある。

すでに着々と北朝鮮進出を進めている中国・ロシアの思惑

文在寅大統領が頭を働かせて強硬姿勢をとれば、米軍を追放することができるかもしれない。プーチン大統領と習近平主席が助けてくれるだろうから。ロシアも中国も、表向きは朝鮮半島での平和を維持したいと言っている。しかし**ロシアはすでに自国と北朝鮮とをつなぐ鉄道を建設しており、北朝鮮の北側――ロシアに近い側に二、三のドック（港湾施設）を建設した。中国も同様に、北朝鮮に通じる橋や道路を建設している。**自分たちが着々と手を伸ばしている土地をアメリカに取られるくらいなら、お互い手を組んだ方がましだ、とロシア・中国が考えれば、朝鮮半島から米軍を追い出してくれるかもしれない。

文在寅大統領は頭が良くて逞しい大統領だと思っていたが、どうも最近はそんな気がしない。いつかアメリカに屈するのではないか、と個人的には見ている。もし韓国がアメリカに屈すれば、朝鮮半島は大混乱し、戦争になるだろう。戦争になれば日本も、いや世界中も、みな他人事《ひとごと》ではいられない。そんなのは馬鹿げているし、狂気の沙汰だ。だが、歴史上ほとんどの戦争は、馬鹿げた、とち狂ったような理由で始まっている。もしそのようなことが起こらなければ、朝鮮半島は非常にすばらしい地域になるだろう。

アメリカもロシアも中国も、北朝鮮内の陣取り合戦に必死だ。だからこそ、北朝鮮の経済は目覚ましく発展する。人々は、すでに北朝鮮の開国に乗じようと投資を始めている。**世界中の資金が朝鮮半島に流れ込む。**日本は、歴史的な経緯から、大々的な投資を韓国・北朝鮮にするとは考えにくいが、それでも多少は行うだろう。

北朝鮮では、いま実に多くのことが目まぐるしく変わりつつある。私はいま娘たちに標準中国語の教育を受けさせるためにシンガポールに住んでいるが、そうでなければ北朝鮮に引っ越すかもしれない。それほど北朝鮮、そして韓国は大きな変革の時期を迎えている。

第三章　中国——世界の覇権国に最も近い国

いち早く中国の台頭を「予言」していたジム・ロジャーズは、二〇〇七年にアメリカからシンガポールに移住した。その理由は、「最愛の娘たちに中国語を学ばせるため」だ。アメリカが世界の覇権を握っていた時代が終わり、世界の中心は中国に移る。ゆえに、将来のある若者は中国語を学ぶことが大きなアドバンテージになる――。これがジムの考えである。

「次なる覇権国」である中国経済の強みはどこにあるのか。反対に、「チャイナ・リスク」として知っておくべき要因は何か。今後の世界を左右する大国の未来を予測することは、日本や韓国、ひいては世界経済の行く末を知ることにもつながるだろう。

中国にはまだまだ爆発的成長の可能性がある

長期的視野で見れば、中国の台頭は続く

例外の二世紀

今後、世界を支配する国はどこになるかと聞かれたら、私は迷わず「中国」だと答えるだろう。

かつて世界を支配していたのは、大英帝国——イギリスだった。人口はそれほど多くなかったが、多くの植民地を有し、勢力を振るっていた。アメリカも長い間人口は増えなかったものの、現在は支配的な国になった。日本は大成功したが、歴史上、世界の表舞台に上がったことはほとんどない。スペインも長い間世界を支配したが、いまは見る影もない。韓国に

も可能性はあるが、まだそこまで力が及んでいない。**いま、世界を支配するのに最も近い位置にいる国は、中国である。**

著書『A Bull in China』（邦訳は『ジム・ロジャーズ 中国の時代』、日本経済新聞出版社）でも述べたことだが、世界の歴史上、三分の一の期間において、中国はずっと世界のトップをひた走っていた。ここ二世紀は、例外なのである。

中国には、世界に先駆けて多くのものを発明した、長い歴史がある。一五〜一六世紀のヨーロッパに多大な社会的変革を与えた発明品、火薬・羅針盤・活版印刷の三つを指して「ルネッサンスの三大発明」というが、このすべては先に中国で生まれた技術に手を加えたものである。

火薬は九世紀初頭の中国で発明され、さまざまな火薬兵器に応用された。一三世紀にはモンゴルの西方遠征に火薬が使われ、イスラム軍は驚異的な飛び道具を「中国の雪」「中国の矢」と呼んで恐れたという。羅針盤も、九世紀初頭に作られている。磁針を用いた羅針盤についての最古の記録は一〇四〇年頃のこと。魚や亀に見立てた磁針を水に浮かべ、南を向くように使っていた。そして世界初の印刷物は、七世紀半ばに中国で作られた。その頃すでに紙も発明されていたということだ。一〇世紀には、木製印刷技術も発達していた。巨大な国家の隅々まで仏教を広めるべく、経文の大量印刷が行われた。我々西洋人が中国人から教えてもらったことは、実にたくさんある。

発明家気質のある中国では、新たなビジネスが次々と誕生している。かつて「モノづくり」と言えば日本の専売特許だったが、いまは、「中国こそがモノづくりの中心」と言われている。

とりわけ着目すべきは、「ユニコーン企業」の多さである。ユニコーン企業とは、企業評価額が一〇億ドルを超える非上場のテクノロジー系ベンチャー企業のことだ。二〇一七年末の時点で世界には二二〇社以上のユニコーン企業が存在しているが、その約三割が中国企業だ。アメリカは約五割である。

こうした企業群を輩出する流れは、今後ますます加速するだろう。**中国は毎年、アメリカの一〇倍、日本の一五倍ほどのエンジニアを輩出している。**科学・技術・工学・数学系の学

図18　STEM（科学、技術、工学、数学）を卒業した学生の数、国別比較

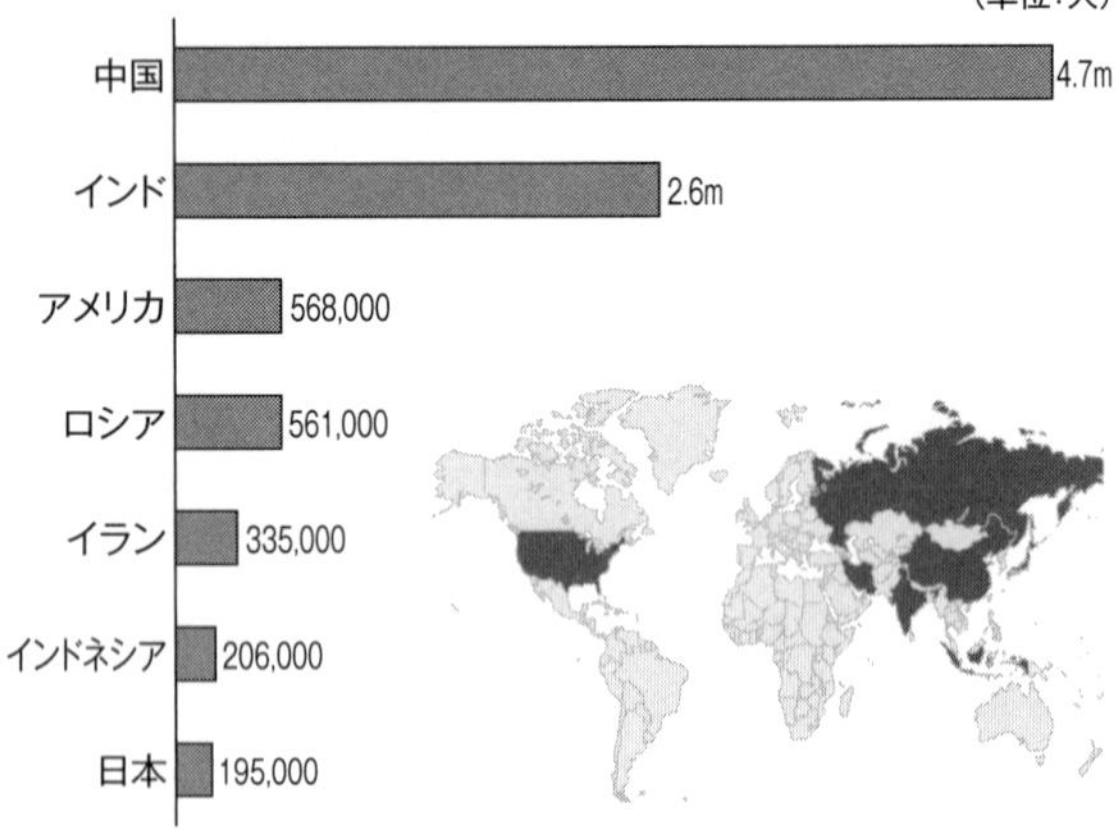

出典：Forbes 2017年2月2日記事「The Countries With The Most STEM Graduates」Niall McCarthy を元に作成

図19　特許出願数の多い国、トップ10（2016年）

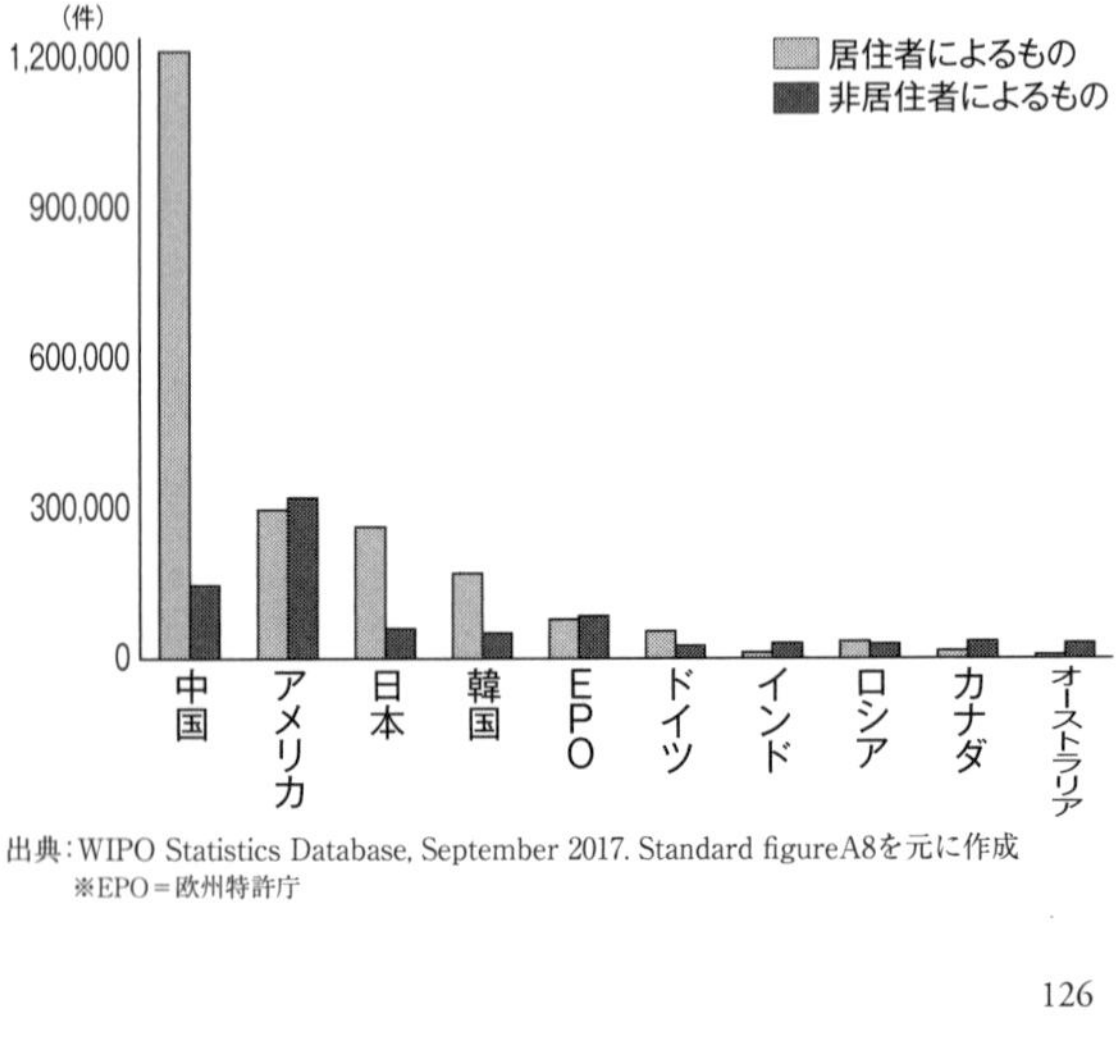

出典：WIPO Statistics Database, September 2017. Standard figureA8を元に作成
※EPO＝欧州特許庁

部を卒業する学生の数も、アメリカの八倍、日本の二四倍と、世界でも飛び抜けて多い（図18参照）。

実に驚異的な数字だ。中国から出てくる特許も、第二位のアメリカと第三位の日本を大きく引き離し、他の追随を許さないほどの数を誇っている（図19参照）。

「中国人のエンジニアは優秀ではない」という不満を時々耳にするが、飛び抜けて優秀なエンジニアも多いのだ。でなければ、中国の百度《バイドウ》、アリババ、テンセント、華為《ファーウェイ》の四社（「BATH」）が急成長している状況に説明がつかない。

この四社は、アメリカの四大IT企業である「GAFA」（Google、Apple、Facebook、Amazon）を凌《しの》ぐ勢いで急成長している。二〇一八年一月末時点で、百度、アリババ、テンセント三社を合わせた時価総額は一兆一〇〇〇億米ドルを超えている（華為は非上場）。テンセントやアリババに関しては、売上額はフェイスブックと大差がない（図20参照）。いまの成長ペースを保てば、二～三年以内にフェイスブックを追い越す可能性

図20　中国BATHと米GAFAの比較（単位：100万ドル、時価総額のみ億米ドル）

企業名	売上	利益	順位	時価総額
アルファベット	90,272	19,478	65	8,168
百度	10,161	1,675	—	854
アップル	215,369	45,687	9	8,517
華為	78,510	5,579	83	—
フェイスブック	27,638	10,217	393	5,454
テンセント	22,870	6,186	478	5,630
アマゾン	135,987	2,371	26	7,048
アリババ	23,517	6,489	462	5,232

出典：「フォーチュン・グローバル500」（2017年版）を元に作成
（注）時価総額は2018年1月末時点

もあるだろう。

中国が人材輩出大国になった理由

優秀な人材を輩出する源泉の一つに、教育制度が挙げられるだろう。**アジア式の教育は、アメリカのそれよりはるかに中身が濃い。**

私の二人の娘はシンガポールの学校に通っているが、中国語によるアジア式の教育は、アメリカよりもはるかに進んでいることがわかる。要求が高く、厳しいのだ。

アメリカでは――私が通ったイエール大学においてさえ――勉強に励む学生は「ガリ勉」と馬鹿にされたものだ。アジアでは勤勉さを美徳としてほめたたえ、競争心や向上心を煽っている。

シンガポールでは小学校卒業試験（ＰＳＬＥ）という全国一斉テストが設けられていて、六年生の子どもたちは全員その試験を受ける。結果発表当日には、テストで一番の成績を修めた子どもとその両親の写真が、新聞の一面を飾るのである。この他にも、新聞には日頃から成績優秀な生徒を取り上げる記事が山ほど載っている。

それがアジア人の優秀さにつながっているのだと感じる。時々こんなに勉強に時間をかけていいものか、大人になってから燃え尽きてしまうのではないか、と心配になることもないではないが、二人の娘を見ている限り、それは杞憂に過ぎないようだ。

とりわけ中国では、技術に重きが置かれてきた。鄧小平がここまで中国を成長させることができたのは、技術を重用したからだ。毛沢東以降の中国を牽引してきたリーダーは、もっぱら技術者だ。胡錦濤、温家宝、江沢民――みな元技術者だった。

加えて、中国には**「先賞試、後管制」**という言葉がある。これは李克強首相が唱えた方針で、「まず試しにやってみよう、問題があれば後で政府が規制に乗り出す」という意味である。中国は規制が厳しいと言われ、中央指令型の計画なり政府企業なりがあったことも事実だが、一部の人たちが中国的社会主義とみなすものは、すべてが国有化されていた三〇年前の名残――「オールドエコノミー」に過ぎない。**現在中国経済を牽引しているのは、非国営の民営企業、IT企業やシェアリングエコノミーなどの「ニューエコノミー」だ。**中国で最近事業を興した人に会うと、みなビジネスがやりやすいと言う。

以上のように、教育という土壌、そして政府の「まずやってみよう」という寛容な姿勢があり、「ニューエコノミー」の台頭があって、中国経済の躍進が成り立っていると言えよう。

バイカル湖周辺に眠る爆発的成長の可能性

中国の周辺にはありとあらゆる種類の天然資源がある。これも非常に大きなアドバンテージだ。特にシベリアは、金や麦、石油や天然ガス、森林資源など、ありとあらゆるものが揃っている。世界最深の淡水湖であり、大きさでも世界第八位のバイカル湖は、底や周辺に天然資源が多く眠っていると言われて注目されている。

いまシベリアや極東では、ロシア民族の数がソ連崩壊時より二〇パーセント近く減少しているという。若くて有能な人々は、みな成功を求めて首都モスクワへ出て行ってしまうのだ。しかし、この地には大きな可能性が秘められている。

シベリアはロシアの領土だが、ロシアが植民地化する一六三六年より以前は、中国やモンゴルが支配していた。地理的にも中国に近く、すでに中国企業が進出しつつある。今後もますます中国企業の手が伸びていくのではないだろうか。

中国に投資するなら環境ビジネス、インフラ、ヘルス産業

一帯一路構想は中国経済を大きく規定するだろう

環境ビジネスはまだまだ伸びる

個人的にいま注目している中国株は、環境ビジネス、鉄道などのインフラ産業、ヘルスケアの分野である。日本や韓国と同じく、ツーリズムや農業にも可能性がある。

中国はひどく汚染されている。インドやバングラデシュもそうだが、中国もかなりひどい。中国政府は現在、環境汚染対策に莫大な資金を投じている。この分野は、中国経済の中でもとりわけ好調になる。もし中国で環境汚染対策のビジネスを始めれば、大成功するに違いない。

環境ビジネスは、特に政治家にとっては非常に人気がある。国民にアピールしやすいからだ。「私はきれいな空気が好きだ。件《くだん》の悪人からエネルギーを買う必要はない」と聴衆の前で堂々と話すことによって、自分たちは正しいことをしているとアピールすることができる。ただそれゆえ、アメリカや日本では、環境ビジネスの多くは助成金——つまりは国民の税金によって回っている。多くの国民は、自分たちがその産業に対して税金を払っていることに気づいていない。そのような産業にかかるコストは、その産業が生み出す利益よりも高くつく。中国ではまだ、政治と環境ビジネスの癒着は見られない。助成金なしできちんと運営される、経済的な競争力の高い企業が生まれれば、それはきっと大成功を収めることができるだろう。

中国の農業も、いまは底辺にあるように見えるかもしれないが、これからぐんと伸びていく。政府は過去の失敗を認識しているので、農業や地方を救済するためならどんなことでもするだろう。

他に重要と思われる分野は、やはりツーリズムだ。第一章でも述べたが、中国人は何世紀も自由に旅行することができなかった。いまはパスポート取得も簡単になり、内貨を持ち出すことも比較的容易になった。約一四億人の人々が、自国も見たいし世界も見たいと待ち構えているのである。だから私は、中華系航空会社の株をいくつか持っている。**中国の空の旅は新しい領域で、これからさらに伸びるだろう。**

一九八〇年代の日本も、いまの中国と同じような状態だった。当時私が住んでいたニューヨークには、日本人観光客があふれていた。こんなに大勢の日本人が、一体全体どこからやってきたのだろう、とアメリカ人はみな不思議に思っていた。パークアベニューには、キタノ ホテルという畳の間や茶室を備えた日本式のホテルまでできた。日本人は成功し、裕福になった。そして、世界を見ようと満を持してやってきたのだ。日本はかつて何世紀もの間閉鎖されていた。その反動で、いったん海外に出始めたら、それはもうありとあらゆる場所に出かけたのである。

いまでも日本人は、世界中へ旅行に出かける。日本の人口は約一億二六〇〇万人だが、中国は実に約一四億。一一倍もの人間が国内や国外にもっと出かければ、どれほど大きな影響を与えるか想像がつくだろう。

一帯一路構想がもたらすインフラ景気

中国には「一帯一路」という構想がある。二〇一三年に習近平国家主席が提起したもので、「政治的・経済的・文化的に世界中と共同体を築き、世界の秩序を中国主導の構造へと変えていく」という考え方だ。この「一帯一路」構想により、中国経済にはさらに好調になる部分が出てくることは間違いない。とりわけインフラ、鉄道事業には注目している。**世界の中でも中国の鉄道事業の株は安泰な株と言うことができる**だろう。

いずれにしても、私が投資先として勧めるのはコモディティ（商品）である。中国で投資をする一番確実な方法は、これから中国の人たちが買わないといけないものを買うことだ。それは国内に不足している**綿**や**ニッケル**、**石油**であり、これからますます消費が促されるであろう**環境**、**農業**、**ツーリズム**、**鉄道**の分野なのである。

また、一般の投資家のほとんどは中国語を解することができないと思われる。そういう意味でも、コモディティは最適な投資先となる。中国語が読めなければ、投資先の企業がどんな経営戦略を取っているのかなどの情報はまず手に入らない。一方、綿について理解するの

図21　2015年の中国の株価は異常だったが、長期的には値上がりを続けている

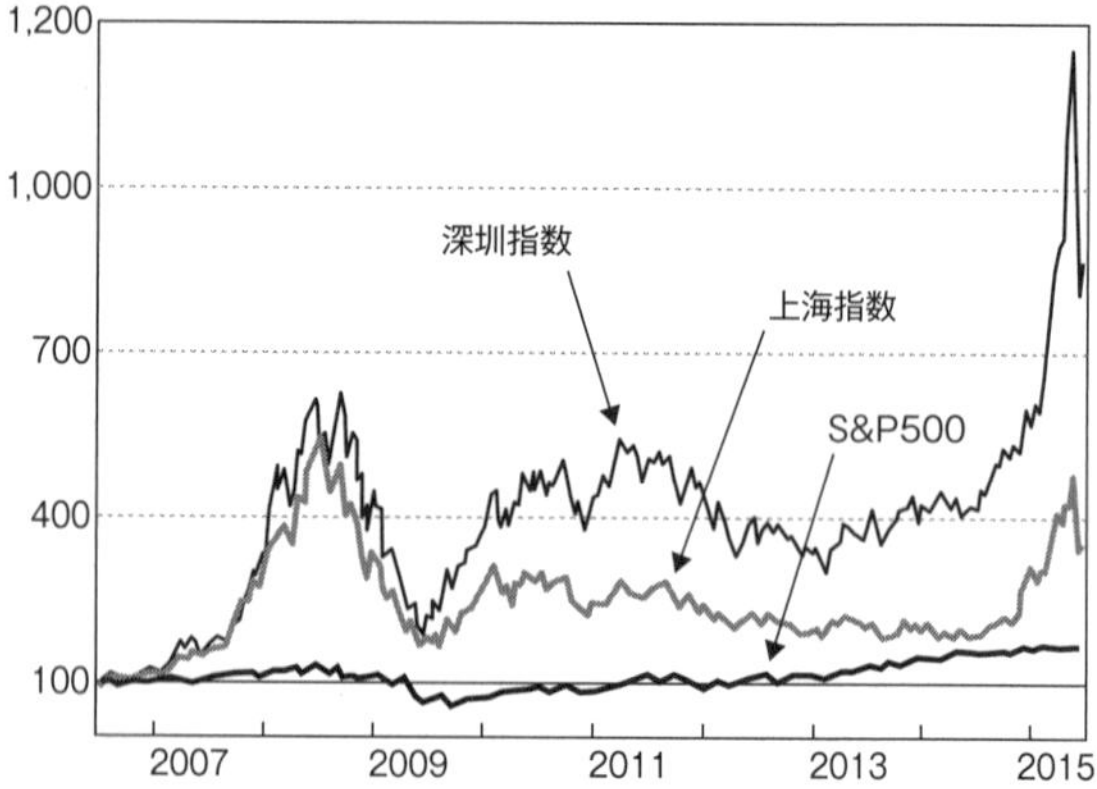

出典：CNBC 2015年7月28日記事「3 charts explaining the Chinese stock market」を元に作成

は中国株を理解するよりはるかに簡単だ。あまりすぎれば売ればいいし、足りなければ買えばいいだけだから。

人民元はこれからも強い

二〇一五年には人民元の切り下げによる中国株の暴落が起き、チャイナショックと呼ばれたが、取るに足りないことだ。

チャイナショックで人民元は二パーセント下がったが、二パーセント程度なら多くの通貨もしょっちゅう下がっている。第一、それ以前の株式市場に目を向けてみれば、そもそも二〇一五年時点での株価が異常に高かったこと、二パーセント下落してもそれ以前より高値をキープしていることも見て取れる（図21参照）。

どういうわけか、西洋のメディアは中国のことがわかっておらず、中国をバッシングするのが大好きだ。「人民元の切り下げ」と報道したが、二パーセントは切り下げなどではない。よくあることだ。

さらに、二〇一六年九月には、国際通貨基金（ＩＭＦ）が人民元をＳＤＲ（特別引出権）通貨バスケットに採用した。米ドル、ユーロ、円、イギリスポンドに続いて、「第五の通貨」として認められたのだ。

独裁体制は悪なのか

中国は共産党独裁体制下にあるから、経済発展するのは難しいと言う人もいる。その主張には、二つの点から反論をしたい。

第一に、歴史的に見ると、独裁体制は経済にとってプラスに働く面もあれば、マイナスに働く面もあるということだ。

うまく働いた例としては、シンガポールがある。シンガポールはこの四〇年で最も成功した国と言えるが、それはひとえに「シンガポールの哲人」と呼ばれた初代首相、リー・クアンユーの功績だろう。天然資源どころか水すらも十分にない人口一〇〇万人の島国が、人口五六〇万以上を擁する世界経済のハブにまでのし上がったのは、彼のように見識のある「独裁者」がいたからだ。

クアンユーは「国家の発展には民主主義より規律が必要だ」と言って憚《はばか》らず、国民には必ずしも評判がいい首相ではなかった。しかし驚異的な成長を実現させ、リチャード・ニクソンやヘンリー・キッシンジャー、バラク・オバマに至るまで、多くの政治家が彼に会うためにシンガポールを訪れるようになった。

シンガポールのようにすばらしい「独裁者」がいればいいのだが、ほとんどの独裁者はクアンユーのように見識があるわけではない。頭がいいだけの人間ならたくさんいるが、そういうリーダーは私腹を肥やすだけに終わるかもしれない。コンゴを見よ。ほとんどの独裁者はいい働きをしない。権力は腐敗する——そんな言葉を述べるのは、私だけではないだろう。

日本も、一党システムの下で成功した国の一つだ。独裁制から寡頭制に移行するのが一党システムで、その方が国の運営がしやすい。国の運営は誰にでもできるが、うまく運営するとなれば話は別だ。**日本は過去五〇年間、事実上の一党システムによって最も成功した国と言える。**

いまのところ、中国もきわめて成功していると言える。**中国も寡頭政治で成功した国だ。**鄧小平とその後の指導者たちはとても頭が良く、見識のある人々で、中国のためにすばらしい働きをした。

それにひきかえ、いまの指導者である習近平国家主席たちはどうだろう——。彼らが率いる中国は、以前よりもさらに閉鎖的になっている。中国の現政府は、世界中を回って「アメリカは閉鎖的だが、我々は開放的だ」と吹聴している。確かにオープンになってきている面もあるが、そうではない部分もたくさんある。これからが見ものだ。習近平国家主席が鄧小平と同じくらい優れていれば、たとえ閉鎖的になっても、中国は安泰だ。過去一〇〇年間で鄧小平ほど頭が良く、見識のある指導者はほとんどいなかった。習近平は第二の鄧小平になれるのか——。一〇年経ったら、もう一度振り返ってみたい。

第二の理由としては、中国で「独裁者」になるには、きわめて厳しいプロセスを経なくてはならないからだ。総書記は、大まかに言えば、約九〇〇〇万人という共産党党員の総意の下、五年に一度開かれる党大会で選出される。候補者は、党大会の数年前から自らの力を党員に示しておかなければならない。常に周りの目にさらされながら、下っ端から努力を重ね、地道に昇進していかなくてはならない。それを三〇年から四〇年続けた末、頂点に這い上がった者が最高責任者——つまり中国共産党の総書記となる。

ある意味、アメリカの大統領選よりも公平な制度だ。アメリカでは、テレビ映りのいい金持ちがそれなりの服装でそれらしき演説をすれば大統領になれてしまう。

独裁体制が経済にとって必ずしもマイナスに働くことはなく、すべては独裁者の器次第なのだ。そしてその独裁者は、厳しい審査を経て選ばれる。中国経済に悪影響を及ぼすのは独裁主義などではなく、日本やアメリカ、ヨーロッパなど他の国である。

チャイナ・リスクはどこにあるか

巨人のアキレス腱を探せ

低下を続ける出生率

では中国の弱みは何かと言えば、それはまず出生率の低さにある。

一九七九年から実施された「一人っ子政策」の影響で、ここ二〇年来、出生率が人口置換水準（人口が増加も減少もしない状態の出生率）をずっと下回っている（図22参照）。中国の出生率は一九六〇年代から下がり続けていたが、「一人っ子政策」を導入したせいで、ついにこの水準まで落ちてしまったのだ。

図22　中国でも出生率は下がり続けている

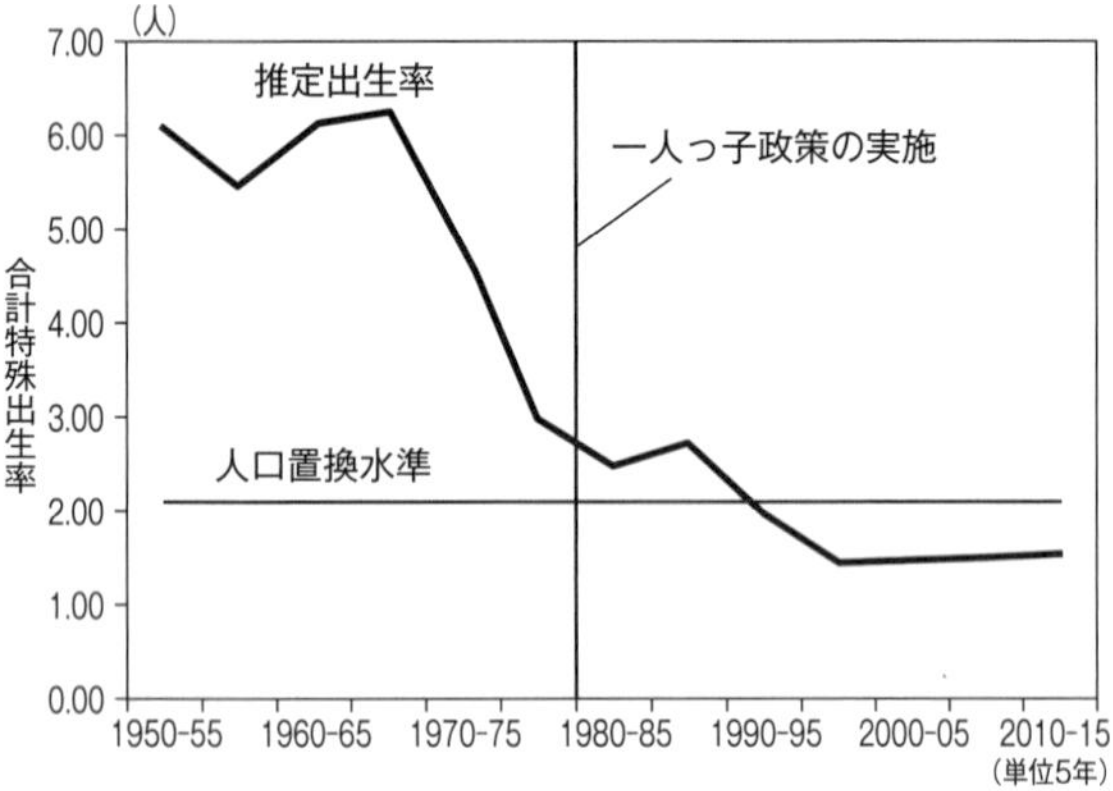

出典：Center for Security Studies ETH Zurich、2017年5月24日記事「Policy Response to Low Fertility in China: Too Little, Too Late?」を元に作成

一人っ子政策が始まってから三〇年の間に、男の子ばかり望む親が増えて人口の男女比がアンバランスになったり、高齢者人口が膨れ上がる一方で労働力人口は不足したりするなど、さまざまな問題が噴出した。そのため二〇一四年には「単独二子政策（夫婦どちらか一方が一人っ子の場合は第二子の出産を認める政策）」が導入された。二年後にはそれも廃止され、子どもを二人産むことが合法になった。それでも中国人、とりわけ中流階級の多くは、子どもを二人持つことを望んでいない。都会では特に、一人の子どもに多額の養育費をかけることが習慣化してしまっているので、子どもを複数持つのは経済的な負担になるのだ。それに加えて精神面

でのストレス、キャリアへの影響もあり、二の足を踏む人が多い。日本や韓国など多くの国でもそうであるように、少子化は長期的に見て、労働力人口の減少や若者世代への負担増など、さまざまな問題の原因になる。

第一章でも述べたように、日本と同様、アジア諸国は移民を嫌うという傾向がある。中国人、そして韓国人の多くは海外に移住しているが、自国への移民受け入れは皮肉なほどに少ない。この傾向は、将来人口減少を引き起こし、大きな問題を引き起こす可能性がある。

広がる格差

さらには、地方と都市との大きな格差も問題だ。地方と都市とでは社会保障が異なり、それが両者の格差を広げているとも言われている。政府もそのことはわかっているはずだ。最近北京で開かれた会合でも、「この四〇年間で、都会の人たちはとても成功したが、田舎の人は成功していない」という主旨の発言があった。地方の人は、成功を求めて誰もが都会へ出て行ったのだ。

中国政府はいま、地方を助けるべくありとあらゆることを実行している。中国には三兆二〇〇〇万米ドルという世界ランキング一位の外貨準備高（図2参照）があるから、財政支出を増やすことには問題がない。むしろ本当に必要な部分にどうやって金を回していくか、ということの方が問われるだろう。

銀行は、規模が小さかったり地方にあったりする企業に金を貸すことはしない。そういった企業の方でも、金を借りようとはしない。だから政府が手を差し伸べ、地方の生活水準を向上させ、消費を刺激する政策を取らなければならないのだ。

具体的には、起業を支援する「イノベーションセンター」を全国に建設したり、財政収入ではなく投資プロジェクトのリターンから返済する債券、特別目的債を地方政府には余分に発行させたりと、いろいろと手を尽くしている。特別なローンもできる。農業従事者であれば、いま大都市の北京では歓迎されるだろう。

急激に増えた借金は危険信号

ここ数年で増え続けている借金も、大きな問題である。

中国の内外債務総規模は、二〇一七年九月末時点で約二五五兆元（約四四一二兆円）を上

図23　中国の対GDP比債務残高は10年で約2.5倍に

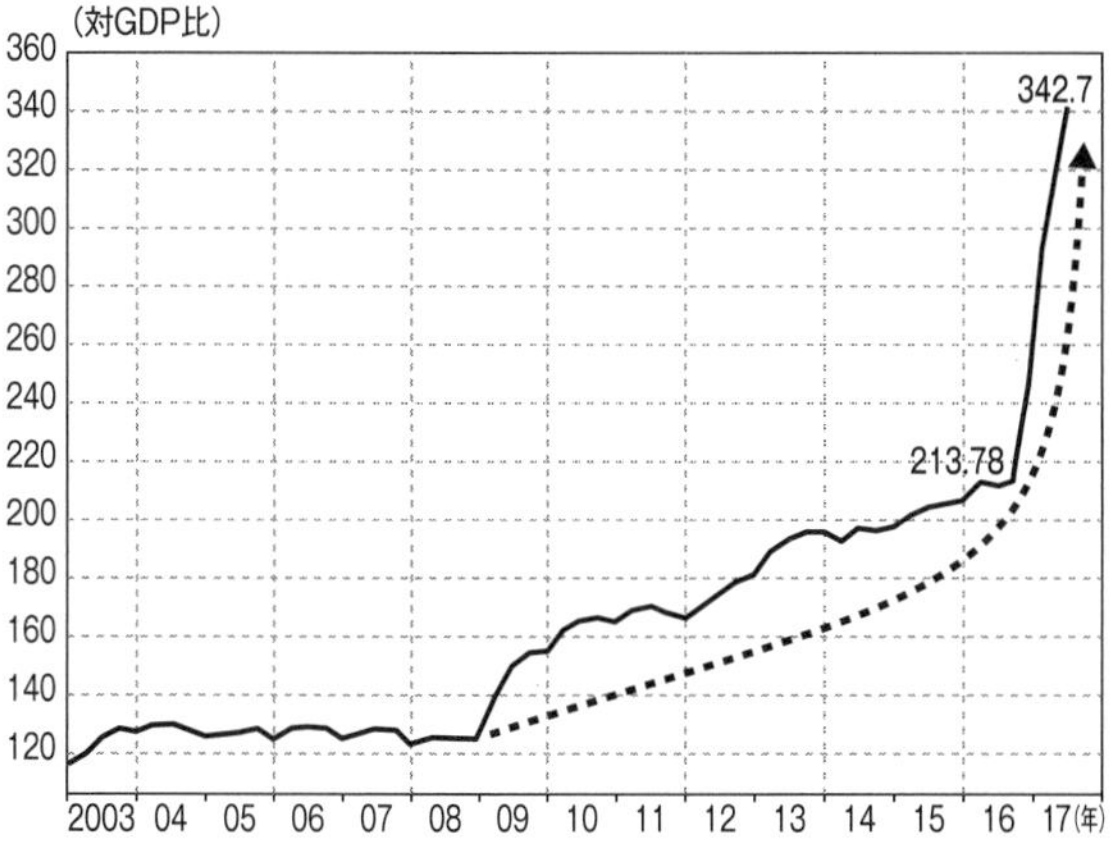

出典：Medium、2017年10月7日記事「Australia's Balance Sheet Crisis 2019」を元に編集・作成

回る。対ＧＤＰ比は、三四二・七パーセントという高い数値を記録している。債務の対ＧＤＰ比は二〇〇八年末から救いがたいほど上がり続けているが、三〇〇パーセントを上回ったのは二〇一七年が初めてだ（図23参照）。

序章でも触れたように、どの国も毛沢東に金を貸そうとしなかったので、何年も中国は借金がなかった。毛沢東の前には戦争や内乱があり、その時も借金はなかった。

しかし二〇〇八年終盤に政府が大規模経済対策を発表して以来、誰もが競って借金をする状況が続いている。二〇〇八年末からの債務の増加額は、中国ＧＤＰのおよそ一〇〇パーセントに上り、米国が二〇〇八年までの一〇年に記録した規模の二倍を超えている。日本ほどではないが、ものすごい勢いで借金が増えているのだ。**かつてこれほど大きな借金を抱えた歴史がないので、中国はその処理の仕方を知らない。**日本や多くの社会は今も昔も借金を抱えているので経験と知識があるが、中国にはそのノウハウがないのだ。

国家だけではない、企業や自治体の借金も膨れ上がっている。**いずれ倒産、破産する企業や都市、地方が出てくるだろう。**ところが中国政府は、破産するところが出てきても救済はしないと明言している。皮肉なものだ。彼らは共産主義の国だというのに、日本やアメリカよりもずっと資本主義的である。中国は、一九七八年に鄧小平が「我々は何か、新しいことを始めなければいけない」と宣言して以降、ずっと資本主義化の道を歩んできた。この四〇年でますますオープンな市場になってきている。

対して日本やアメリカ、その他いくつかの資本主義国は、銀行の国有化や企業救済など、まるで「社会主義化」したような政策を打ち出している。

一九九〇年代の初め、日本でバブルが弾けた時、政府はどの会社も倒産させまいと奮闘した。その結果、いわゆる「ゾンビ企業」や「ゾンビ銀行」が生まれた。本来なら無能な企業・人材は淘汰され、有能な人材が再建して新しい健全な会社を作り上げるべきところを、日本は逆のことをやってしまった。政府が介入し、有能な人から資産を取り上げ、それを無能な人に渡して「その金で有能な人と競争せよ」と言ったのだ。頭がいい、有能な人から取り上げた金を無駄遣いするゾンビ企業・銀行が、日本にはいまだに蔓延《はびこ》っている。過剰な保護政策によって生かされている「生ける屍《しかばね》」とも言える。

バブル崩壊後、日本が「失われた一〇年」を経験したのはそのせいだ。それが「失われた二〇年」に延び、いまは「失われた三〇年」に突入している。

そして、リーマンショック後のアメリカでも同じことが起きた。破産させるべき企業を救済し、刑務所に送るべき人間に退職金を保証した。結果、アメリカは有史上最大の債務国と成り果てた。もはや、アメリカの企業は世界で競争することができなくなっている。イギリスも同様だ。足取りをふらつかせるほどの対外債務があるが、イギリス政府は企業を倒産させようとしない。

「破産なき資本主義は地獄なきキリスト教」と、イースタン航空（一九九一年に経営破綻）

のCEOであったフランク・ボーマンも言っている。地獄に送るべき人間を放置しておくと、この世は地獄そのものになる。

日本・アメリカと逆の例もある。スウェーデンは一九九〇年代初頭、アメリカと同じような不動産バブルで経済破綻を経験したが、政府は過剰な救済措置を取らなかった。そのため二～三年はたいそう悲惨な時期が続いたのだが、その後は一転、好景気に沸いた。いまやスウェーデン経済の健全さは世界屈指である。一九九四年のメキシコでも、一九九〇年代末のロシアやアジアでも、同じようなことが起きている。どの国も最悪の状態を経験し、それを抜け出してきたからこそ、信頼に足る成長国として台頭したのである。

中国にも、どうかそうであってほしい。中国政府の言葉が単なる脅しではなく、本気であることを望んでいる。救済措置を取らないことは、私を含めて多くの人を怖がらせるだろうが。

中国経済への箴言《しんげん》

とはいえ、いまの段階では、中国の経済は保護されすぎていると言わざるを得ない。たとえば日本で株を買いたければ、電話一本で買える。ドイツでも同じだ。しかし中国では、それができない。

中国の株を初めて買った時のことだ。一九八八年、雑居ビルの中にあるちっぽけで散らかった取引カウンターで、事務員に株券を手渡してもらった。卒業証書のように大きい、本物の紙でできた株券だった。株券にも受取証にも、偉そうな役人からハンコをもらわなければならなかった。役人がやたらともったいぶってそろばんを弾いているので、「この間にも株価が上がってしまうから、早くしてくれ」と急かしたものだ。この光景を、私はいまだに覚えている。その頃と比べると、現在、特にこの一五年間で株式市場はかなりオープンになったが、それでも他の国にはまったく追いついていない。

また、**国内に多くの金が閉じ込められているのも大きな問題**だ。日本では金銭を自由に国外へ持ち出せるだろう。自分の持ち金をどう使おうが、個人の自由だ。中国ではそれができず、国外に金を持ち出すのが非常に難しい。だから、不動産を買う以外に使い道がない。現在、不動産業界がバブル状態になっているのはこれが理由だ。中国政府はこのような歴史の残滓《ざんし》を一刻も早く解決しなければならない。いまは一〇〇年も前の一九一八年ではない、もう二一世紀になって久しいのだから。

少子化や地方と都市の格差、借金という課題よりもまず先に中国が解決すべきは、この閉鎖された経済だろう。中国経済は、政府に操作されている部分が多すぎる。そもそも人民元という国の通貨が管理通貨なのだ。

世界的に見るといずれドル以外の通貨が基軸通貨になることは間違いないが、管理通貨である人民元がそうなるには、もっと自由に変動することができなくてはならない。

「もう一つの中華経済圏」台湾・マカオ

大国に振り回されるか、独自の道をゆくか

台湾は「併合」されるのか

いずれ、中国と台湾が統一される日も来るだろう。中国に行ったら、「台湾は中国の一部である」と言った方が喜ばれる。台湾では、「中国という国は一つしかない、我々がそれだ。我々が本国をコントロールすべきだ」と言っているのだが。いずれにせよ、**両者ともに「中国と台湾は一つの国」だという見解は一致しており、いずれ本当にゆっくりと一つの国になるだろう。**

五〇年前、いや、三〇年前でさえも、中国南東のビーチに行けば、海岸線に有刺鉄線が張

られており、銃が台湾の方向に向けられていた。台湾に行けば、中国側に有刺鉄線と銃が備えられていた。

いまはもちろん、そのようなものはない。二〇年前、中国から台湾に行く手段はなかった。いったん香港に飛んで、それから台湾に飛ばなければならなかった。いまは飛行機でも船でも、中国と台湾間の行き来は自由だ。中国人がたくさん台湾に渡っている。変化は着実に起きている。

最終的には、みなが中国の台湾併合を受け入れることになるだろうと思う。いますぐではないが、いずれはそうなる。ここ三〇年の変化を見ればそう言うことができる。

ホンハイの買収劇はシャープV字回復後もますます盛んに

台湾の精密工業、ホンハイが二〇一六年四月にシャープを買収し、V字回復させた（図24参照）ことが日本で大きな話題となったらしい。

日本だけではない、アメリカの企業もヨーロッパの企業も彼らは買収している。ホンハイは資金を潤沢に持っていて、豊富な知識も蓄えているから、これからも買収の動きは加速す

図24　ホンハイ買収後、シャープの業績はV字回復した

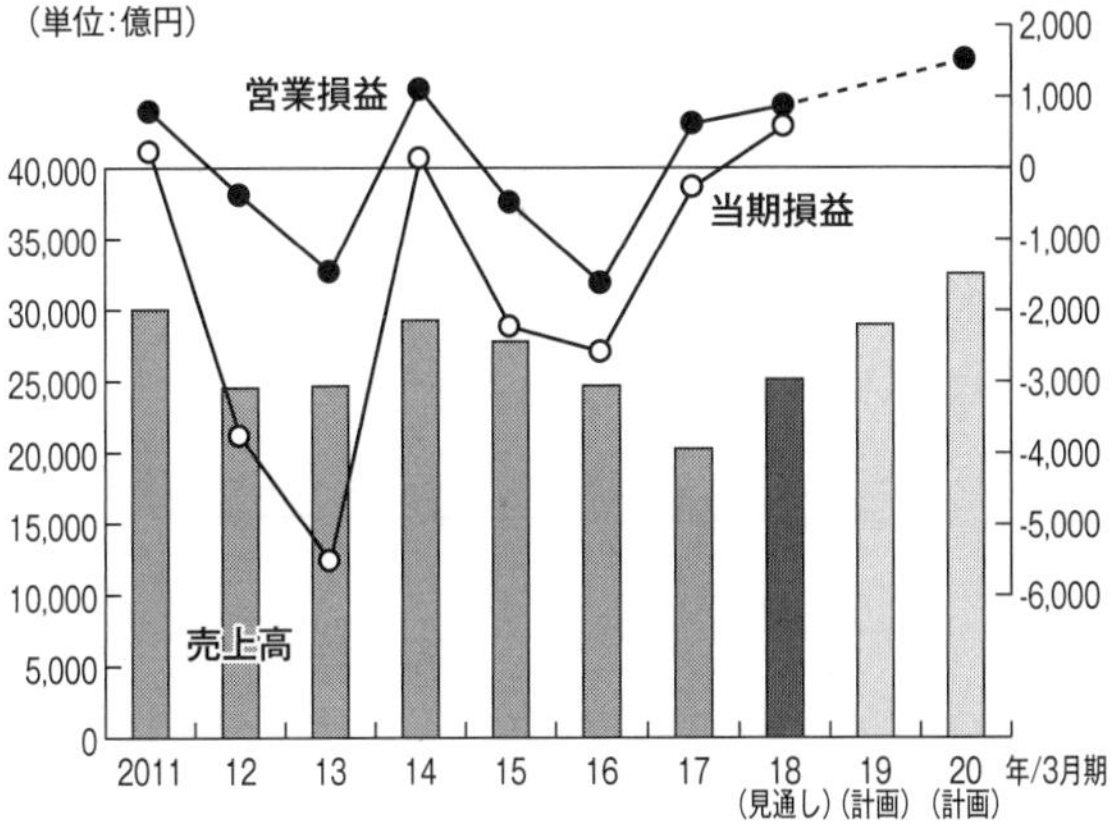

出典:日刊工業新聞2017年5月29日付記事を元に作成

るだろう。

一〇〇年前はアメリカの企業が多くの会社を買収し、二〇〇年前はイギリスの企業が買収していた。そうやって世界が常に機能してきたのだ。

これからは中華系の企業がその役目を負うのだろう。だから、私の娘たちはシンガポールで中国語を学んでいるのだ。

一〇〇年後、マカオの地位は下落する

一時期よりは盛り返したものの、中国の特別自治区、マカオの「カジノ依存経済」は苦戦を強いられている。中国や他の地域が新たにカジノをオープンすれば、さらなる打撃になる。た

とえば、日本はこれからカジノをオープンする。韓国もすでにいくつかあるがさらに増やすだろうし、北朝鮮にもできるだろう。シンガポールには一〇年前はカジノがなかったが、いまは二つできている。マカオの競争相手がどんどん増えていく。

マカオは農業ができるほど土地が広くはないし、ツーリズムにはすでに力を入れているので、これ以上の改善策はあまり考えられない。

何かできるとしたら、物価を安くすることだろうか。すべてを値下げして、観光客を呼び込むのだ。アメリカにもカジノがある街は増えた。しかし、それはネイティブアメリカンの保留地だったり辺鄙《へんぴ》な田舎だったりと、カジノ以外にできるビジネスがないから栄えているのだ。他の産業を始めてみても、結局カジノ頼みになる。マカオもそういう状況に陥っている。

アメリカのラスベガスは、カジノで成功した初めての都市で、いまだにかつての勢いを保っている。しかし、いまから一〇〇年後には、「ラスベガスやマカオの名前を聞いたことがない」という人が出てくるだろう。

日本に今度できる新しいカジノは、物珍しさから多くの外国人を惹きつけるだろう。**日本という国は品質では世界一なので、日本のカジノも品質が高いものになるだろう。それによって、近隣諸国のカジノはいくつか倒産するかもしれない。**

もし日本のカジノが小規模の独立した企業によって運営されるなら、私はその株を買うかもしれない。だが、たとえばラスベガスやマカオなどで多くのカジノを経営するSands（サンズ）のような大手の子会社によって運営されるなら、私の出番ではない。ブロックチェーンと同じで、大手企業の一事業に過ぎなければ、株を買う価値はない。なぜなら、そうした株はリスクが少ない代わりにリターンも少ないからだ。

米中覇権戦争の勝者は

中国のファンダメンタルズは強いが、米ドルは上げ相場を続けるだろう

貿易戦争は愚の骨頂

二〇一八年七月六日、米中両国は互いの製品の輸入関税を引き上げた。これは実に愚かな措置だ。貿易戦争から、勝者は生まれない。どの国にとってもマイナスになるのだ。貿易戦争をしている当事者はもちろん、他の国まで苦しむことになる。米中の貿易戦争には日本も巻き込まれ、悪影響を受けるだろう。

トランプ大統領はアメリカが貿易戦争に勝つと思い込んでいるようだが、それは間違っている。彼は、自分は歴史より賢いと思っているのだろうか。**歴史を振り返れば、貿易戦争が**

プラスに働くことなどないとわかるだろうに。

昨今の金融市場を見てみればすぐわかる。**日本も中国もアメリカも、すべての国で物価が上がっている。**新聞などのメディアではそこまで悪いように報道されていないが、市場には真実が現れる。フェイクニュースに騙されてはいけない。中国の経済専門家も「貿易戦争によって中国経済は大きなダメージを受けている」と指摘している。米中間に貿易協定が結ばれなければ、両国だけではなく近隣の日本、韓国などさまざまな国に多大な影響が及ぶ。

米中の株式市場には、もちろん貿易戦争以外の要素も大いに関わっている。紙幣増刷や減税など、多くのことが同時に起きている。貿易戦争がやってきたといっても、それは始まったばかりで、まだ市場に多大な影響を与えるまでには至っていない。経済危機というのは、一日二日で起こるものではない。経済に実際に影響が与えられるまでには、長い時間がかかるものなのだ。

下げ相場は、たいていそのように起きる。二〇〇八年は、リーマンショックで世界中がひどい下げ相場になった年だった。二〇〇七年四月、サブプライムローン業界二位のニュー・センチュリー・ファイナンシャルが破綻した。さらに同じ年の七月、格付け機関が住宅ローン担保証券を一気に格下げした。十月には、投資銀行大手のメリルリンチで、ＣＥＯが経営悪化の責任を取り辞任。それから半年後の二〇〇八年五月、アメリカの大手投資会社ベアー・スターンズが破綻し、人々は何かがおかしいとざわつき始めた。そしてその四カ月後、二〇〇八年九月にあのリーマン・ブラザーズが破綻し、それでようやく誰もが気づいたのだ。「大変だ！　何か大きな問題が世界で起きている」と。

危機というのは、いつもこのように起きる。誰も気づかないようなところで初動が起き、それが雪だるま式に大きくなっていくのである。そしてテレビで報道された時に初めて、「何か大変なことが起きている！」と多くの人が知ることになるのだ。歴史的に見ると、どの下げ相場も誰もが知らないところで始まり、最終的に多くの国が破綻している。

これから一〇年、米ドルは上げ相場を続ける

今後一〇年の間で、米ドルは人民元に対して、かなり上がるだろう。人民元だけでなく、ほとんどすべての他通貨に対して上がることになる。社会的な混乱が起きている時、人は安全な避難先を探すものだ。**歴史的に見て、世界で唯一の「安全な避難先」は米ドルだ。**はる

か昔はそれがイギリスのポンドだったが、それがいまは米ドルになっている。経済が悪化すればするほど、ドル買いをする人はますます増える。

他の通貨が米ドルに取って代わるとすれば、私が思いつくのは唯一、人民元である。ユーロは崩壊するかもしれない、というよりも間違いなく崩壊するだろうし、イギリスポンドはすでに壊滅的だ。スイスフランは規模が小さい。円はあり得ない。唯一、米ドルの対抗馬となりうるのが中国元なのだ。

アメリカ財務省は長らく、中国を「為替操作国」の監査対象にしている。中国は為替レートを作為的にコントロールしているという疑惑があり、このせいでドルの価格が上がっているというのだ。現在、外交問題も絡んで為替操作国認定は二転三転しているが、**いつの日か人民元が米ドルを凌駕《りょうが》する時が来る**かもしれない。それにはもちろん、管理通貨であることから脱却しなくてはならないが。元はいまのところ売買ができないので、このままでは基軸通貨になることは夢のまた夢だ。

私が持っているアメリカ株は非常に少ないが、アメリカの株式市場は二〇一八年末の時点で、史上最高値を記録している。対して中国株は最高値をつけた二〇一五年から六〇パーセント落ちている。私としては、最高値の株よりも六〇パーセント落ちている株を買いたい。**いま下がっている方が、今後上がる可能性が高い**からだ。

アメリカという国は、軍事面でも経済面でも大きくなりすぎ、また地政学的にも拡大しすぎた。こうなってしまえば、あとは衰退するしかない。しかしいま世界を眺めても、アメリカに取って代わることのできる国はなさそうだ。中国が最も近い位置にいるが、まだアメリカに代わって覇権を握る時期ではないだろう。

イギリスは第二次世界大戦前から衰退を始め、いまは往時の面影はない。しかし、イギリスという国が地図上から消えることはなかった。それと同じで、アメリカも衰退することはあっても消滅してしまうことはないだろう。

歴史上、三たび繁栄を極めたのは中国だけ

中国経済は、暴落など数々の経済危機を経ながらも、それを乗り越えてきた。歴史上、三度も繁栄の頂点を極めた国は、私の知る限り中国しかない。中国は同時に、三度崩壊も経験している。何十年も、何世紀も底辺を味わったあと、好転し、世界のトップに上り詰めたの

だ。実に驚異的な国である。

中国の強さは、どこにあるのだろう。まず——宗教ではないだろう。こと中国に関しては、主要な宗教は時代によって変わるからだ。この数十年は、これといった宗教もない。

自然環境でもないだろう。大気も水も汚染されているからだ。

中国哲学とは何か関係がありそうだ。中国は昔から教育、とりわけ技術に重きを置く国だった。儒教では教師と学者が特に尊ばれている。

儒教といえば、両親を大切にする思想でもある。中国人の親の力が大きく影響しているのだろうか。

あるいは、三度世界の頂点に立ったという、プライドが要因かもしれない。三度崩壊した理由を理解すれば、中国の底力の源がわかるかもしれない。中国文化の中に身を置きながら、私はずっと中国の強さを考え続けている。

第四章

アジアを取り囲む大国たち
――アメリカ・ロシア・インド

東アジア経済の先を読むうえで、避けて通れない大国がある。それが、東アジアを取り囲むアメリカ、ロシア、インドである。ジム・ロジャーズはここでも、「投資の神様」ならではの分析を披露する。

「好調なアメリカ経済は早晩、悲劇を迎える、インドはまだ『本物の国家』ではない、ロシアは『買い』だ」——そのように予測する背景には何があるのか。本章の最後の言葉には、彼の投資家としてのポリシーが垣間見られるだろう。

アメリカの上昇トレンド終焉後の世界

米中貿易戦争がもたらす悪夢

アメリカで上がっているのは一部のメガIT企業の株だけ

海外情勢を語るうえで、アメリカは避けて通れない国であることは間違いない。衰退しつつあるとはいえ、いまだに世界一の経済大国であるし、世界の基軸通貨は米ドルだ。この状況は今後もしばらく変わらないだろう。

アメリカ株は二〇一八年末の時点で、最高値にある。資金の調達が容易で、トランプ政権による減税という追い風もあるからだ。アメリカの株式市場はどれだけ悪いニュースが流れても上がり続けているが、いま起きていることはすべて「ノイズ」だ。いずれ、このノイズ

図25　アメリカ株式市場が好調なのは一部の高値企業によるもの

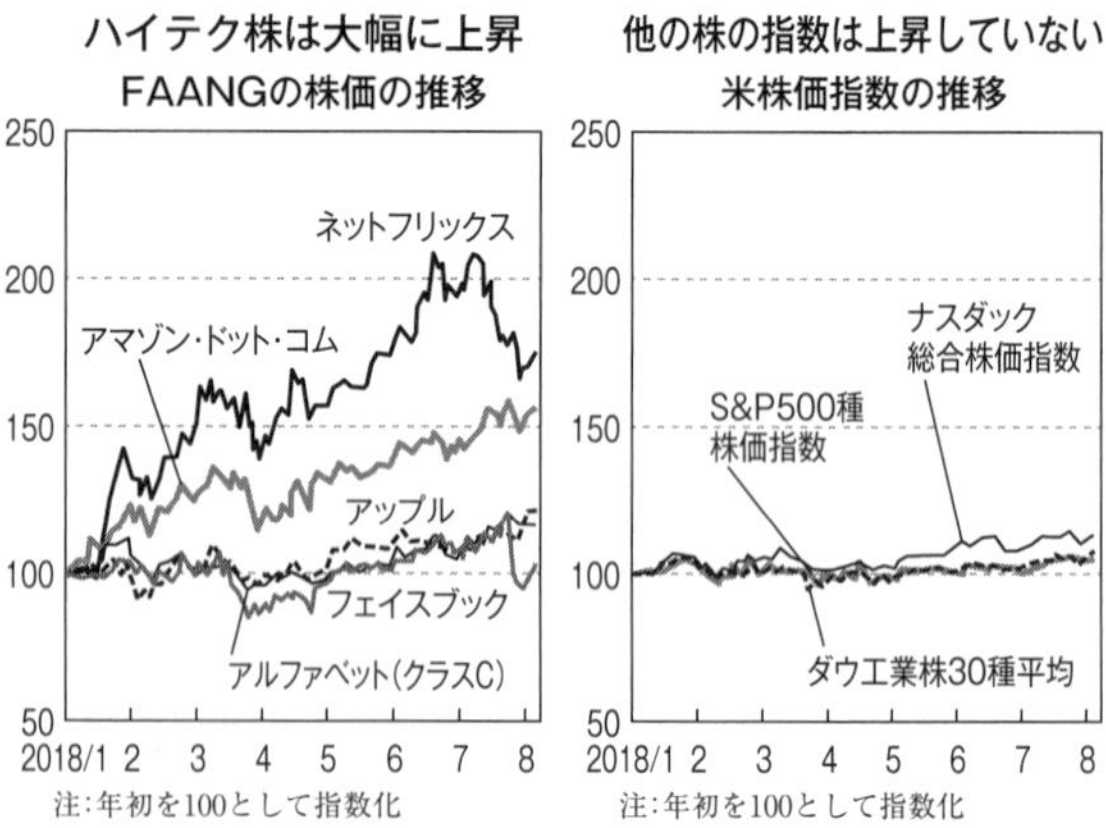

出典：『日経マネー』2018年10月号を元に作成

はきれいさっぱりなくなる。市場はすでに、二〇一九年以降の動向を織り込み始めている。**二〇二〇年までのどこかの時点で、上昇トレンドは終焉し、アメリカは悲惨な目に遭う**ことになるだろう。

市場で起きていることがノイズだというのは、いまの上昇基調が非常にアンバランスな状態で続いているからである。**米株式市場で上昇しているのは、FAANG**（Facebook、Apple、Amazon、Netflix、Google）**の株だけ**。これらのハイテク株が上昇していなかったら、ダウ工業株30種平均やS&P500種株価指数、ナスダック総合株価指数などの主要株価指数が史上最高値を更新することはなかった（図25参照）。ごく一部の銘柄だけが上昇し続けて主要株価指数を引き上げているのは、異常な事態だ。こうした状況がいつまでも続くはずはない。

アメリカはいま、トランプ政権下で保護主義政策を進めている。歴史上、保護主義政策による貿易戦争で勝った国は一つもない。どの国にもマイナスになる。

一九二〇年代のアメリカの関税法が招いた悲劇

歴史的に見て、貿易戦争が悲劇をもたらした例はたくさんある。もっとも代表的な例を挙げよう。

一九二九年のこと、アメリカの株式市場はにわかに景気づいていた。歴史上最高の一〇年間だったと言える。その時、アメリカ議会は関税法を通そうとしていた。それは非常に大きな関税であり、約一〇〇〇人――アメリカ中の著名な経済学者のほぼ全員が、「関税はアメリカ経済にとって害悪以外の何物でもない。関税法を通すな」という新聞広告を出したくらいだ。でも、議会は何だかんだ言って関税法を通してしまい、大統領が署名した。

その途端、株式市場が暴落したのだ。一九三〇年代は世界大恐慌が大きな影響を及ぼし、そのあとは第二次世界大戦が勃発した。そして世界中の経済が崩壊した。**すべては、アメリカが一九二九年に大規模な貿易戦争を始めたからである。**

それでもトランプは、貿易戦争は正しい行いで、必ず自国が勝つと思っている。貿易戦争が良い結果をもたらしたことはないという史実を、いままで誰も彼に説明していないのだろうか。もしくは、トランプは自分を歴史より賢いと思っているのかもしれない。自分は歴史をコントロールできるとでも思っているのだろう。「心配するな、俺はドナルド・トランプだ。俺は貿易戦争に勝てる。貿易戦争はアメリカにとって将来的にもいいことだ」とでも言うのだろう。

トランプの政策を「支持率を上げるためのパフォーマンスだ」と評する人もいる。だがパフォーマンスにせよそうでないにせよ、彼の言動は間違っている。

貿易戦争が商品(コモディティ)にもたらす影響

現に、彼のせいでトランプの支持者たちが打撃を食らっている。アメリカは世界最大の大豆生産国であり、生産量の実に五七パーセントが中国に輸出されている。アメリカの大豆生産者にとって、中国は大切なお客様だ。しかしトランプが「貿易戦争だ」と言い出したものだから、中国はアメリカ産大豆の関税を二五パーセント引き上げ、同時に大豆の輸入をメキシコに頼るようになっている。結果、アメリカ産大豆の価格は二〇一八年の四月〜八月の間に二二パーセントも下がってしまった。

大豆を作っているのは、農業従事者だ。トランプ支持者の多くは農業従事者と言われている。彼らは当然、ちょっと待てよ、と声を上げるだろう。突然、最大のお客様に「あなたの国の大豆はいりません」と言われてしまったのだから。つまりトランプは、アメリカの中でも敵を作り始めているのである。

鋼鉄（スチール）についてもそうだ。アメリカ産鋼鉄の価格は、現在五〜一〇パーセント上昇している。アメリカ最古の鋼鉄メーカーは、二〇一八年の営業利益が前年の三倍にアップする見込みだと報告した。トランプが国内三万人の鋼鉄業労働者を保護したからである。しかし、鋼鉄を使って作られた製品――自動車や洗濯機を買う国民は、アメリカに三億人以上いるのだ。**少数の労働者を守るために、アメリカではすべての物の価格が上昇する。**

本当の貿易戦争はいつ勃発するか

貿易戦争が絶対に功を奏しない理由の一つがそれである。つまり、少数の労働者を守ることによって、それよりもはるかに多くの人が苦しむことになるからだ。けれども、ほとんどの人はそのことに気づかない。あまりそのことを考えようとしない。物価が上がったとしても、それはトランプが少数の労働者だけを保護しているからだというカラクリに気づかない。アップル製品などは中国で製造されているから、価格が上がり始めると、気づく人も増えてくるだろう。しかし、それにはもう少し時間がかかる。

政治家はいつでも、歴史について間違いを犯してきた。日本の政治家もそうだし、アメリカの政治家もそうだ。もし彼らが言うほど事が簡単に運ぶなら、私たちは誰もが富と名声を手に入れているはずだ。彼らの甘言を鵜呑みにしてはいけない。

事態が悪化し始めると、トランプは今度こそ本当の貿易戦争を始めるだろう。トランプはずっと、貿易戦争はいいものだと言い続けてきた。トランプが政権に就いた当初は、貿易戦争がなんの価値もないことをわかっている人物がいたが、彼らはすでに政権を去ってしまった。いま残っている人物はみんな、貿易戦争は意義のあることで、その戦争にアメリカが勝つのだと思っている。実際に本当の貿易戦争が始まると、さまざまな問題が出てくるというのに。

アメリカの株価は、いまは上り調子にあるが、二〇二〇年にかけて悪化し始めると、トランプは日本人、韓国人、中国人のせいにするだろう。トランプは何でも人のせいにするのだ。貿易戦争に突入すると、世界の証券市場がベア・マーケット（弱気市場）に向かい、経済状況もいっそう厳しくなる。経済状況が厳しさを増せば、トランプ大統領はより多くの貿易戦争をするのが解決策だと考えるかもしれない。それはまるっきり間違った考えなのだが。

ただ、貿易戦争にもいいところがないわけではない。「風が吹けば桶屋が儲かる（It is an ill wind that blows nobody any good.）」ということわざが示す通り、どんな風でも誰かには幸運をもたらすものなのだ。

米中貿易戦争が本格的に始まれば、まず恩恵を受けるのはロシア農業だろう。現在、世界中の農業が苦しんでいるのを尻目に、ロシアの農業だけは栄えている。アメリカがロシアの農業に制裁を加えると、ロシアは輸入に頼ることができないのでいっそう自給自足に励むだろう。内需が拡大し、国内の農業は天井知らずに繁栄する。

銃メーカーもそうだ。深刻な経済問題が起きると、それが外国人嫌いにつながるのはいつものことだ。政治家はそれにつけ込み、「外国人は悪だ、いまこそ外国人に対して立ち上がる時だ」と国民を煽動する。惑わされた国民は「外国人と戦うため、我々にはもっと銃が必要だ」と言って自己防衛にさらに金を使うようになるだろう。

インド経済はどうなる

「一生のうちに一度は訪れるべき国」だが、いまだ本物の国家ではない

国としては魅力的だが大国への道は遠い

アメリカに続き、インドも見逃せない国である。

インドは中国と長らく領土問題で対立してきたが、最近は経済分野での協力姿勢が鮮明になってきている。

中国が世界をリードする日は来るかもしれないが、インドが成功することはまだ考えられない。

インドには、世界最悪の官僚制度が蔓延《はびこ》っている。使われている言語の種類も何百とある

し、民族集団の単位も宗教も多い。**いまのままでは、「本物の国家」にはなれない。**一九四七年に、イギリスが「今日からやっと国になった」と言った国なのだ。インドはまだまだ、国として成長途上なのである。

それでもインドは、一度は訪れるべき国だ。豊かな自然、多様な言語、宗教など、少し通りを歩いただけで目を楽しませてくれる。女性も男性も容姿端麗で、頭も非常にいい。大成功して億万長者になった人がごろごろいる。

もし一生に一カ国しか訪れることができないとすれば、インドに行くべきだ。いままで見たことがないような国である。

ロシア経済を注視せよ

皆から敬遠されているところにこそ、投資のうまみがある

ロシア投資は狙い目

そして、何よりもロシア。この国が多くの人から軽視されているのは、どうにも解せない。私も四年前まではロシアに対して悲観的な見方をしていたが、最近は変わった。楽観的な気持ちで、各業界に多くの投資をしているところだ。

ロシア株としては、肥料業界の銘柄を持っている。ロシアの農業が繁栄しているのは、一つには政府に制裁を加えられているからだ。食糧を自由に輸入できず、自分たちで栽培せざるを得ない。それで農業が繁栄している。農業が繁栄すると、当然肥料の需要も増大する。

だから肥料業界に投資をしているのだ。

他には**航空会社、アエロフロートの株も保有している**。航空業界もまた、ロシアではまだ成熟していない産業だ。こういう会社がロシアには多くある。また、**ロシアのETF（ERUS）**も持っている。ロシアの証券取引所は、まだ三〇年ほどの歴史しかない新しい分野だ。成熟しておらず、投資しようという海外投資家はほとんどいない。ロシア株式市場の指数は、二〇〇八年頃に記録した最高値から半減したままの状態を保っている。投資にはもってこいである。

いま国債を買うのに最もふさわしい国

ロシアは、債務が少ない国であることも注目すべき点だ。債務が少ないのは、誰もロシアに金を貸さないから。昔の中国に似ている。毛沢東に金を貸す国はどこにもなかった。それと同様に、共産党のロシアに金を貸そうという国はいない。いまの北朝鮮もそうだろう。金正恩に金を貸したいと思う人はいないため、北朝鮮には債務が少ない。そのため、朝鮮半島が統一されると、北朝鮮は韓国よりも優位に立てる。韓国には借金があるが、北朝鮮にはないからだ。

ロシアの国債も持っているが、ほとんどが短期債だ。その方が簡単だから、というのが理由である。ロシアの場合、長期債の方がもっと儲かるだろうが、短期債の方が購入するのが簡単で、高い利子で同じだけのリターンがあるのだ。しかもあまり考えずに済む。私は怠け者の投資家なので、あまり考えない方を選ぶのである。長期債であれば、変動がより大きくなる可能性があり、儲けは増えるかもしれないが、その分考える苦労も増える。

現在、国債を購入するのにふさわしい国は、ロシアくらいしか思いつかない。世界各国の金利については強気な発言をすることは憚られるが、ロシアの金利はましな方ではないか（二〇一八年十一月時点で七・五パーセント）。すでに高いが、下がることはまだないと思われる。いまはどの国も、有史以来最低の金利に落ち込んでいる。これほどまで金利が下がったことは、歴史上かつてない。嘆かわしいことだ。

アメリカの債券市場は過去三五年間上げ相場だったが、これからの三五年も米国債が上げ相場である可能性は少ない。米国債でも、他の国債でもそうだ。だからこそ、**二〇一九年からしばらくは、ロシアのような国でない限り、国債を購入するのは得策ではない。**

ウラジオストクの可能性

いま、プーチン大統領はウラジオストクで、ロシア極東を開発しようと莫大な資金を投入している。ロシアでは一九九七年以来、毎年サンクトペテルブルグで「サンクトペテルブルグ国際経済フォーラム」という国内最大規模の国際経済会議が開催されている。二〇一五年から、プーチン大統領はこのようなフォーラムをウラジオストクでも開くようになった。「東方経済フォーラム」と銘打ち、外国からロシア極東への投資を促す目的で世界中から参加者を集めている。毎年九月に開かれており、二〇一八年には私も参加した。プーチン大統領ももちろん来場していた。

プーチン大統領は、ウラジオストクに立派な大学を作りたいと目論《もくろ》んでいる。彼の地にはすでに「極東連邦大学」という極東部では最大の総合大学があるが、それよりも規模の大きい、オックスフォードにも相当するような——少なくとも国内最大規模になるような大学を作りたいらしい。

昔、私がロシアを二度オートバイで横切った時、道路はほとんどないといっていい状態だった。それが、いまはあらゆるところに高速道路も橋もできている。プーチン大統領が造ったのだ。

現在、世界にはワクワクする都市がいくつかあるが、ウラジオストクはその一つである。

私がウラジオストクに行きたかった本当の理由は、そのワクワクする都市をこの目で見たかったからだ。

シベリア地方には、大きな機会がある。特に中国との国境付近には、天然資源が豊富だ。シベリアは昔中国の一部で、一〇〇年前には鉄道も建設された。いまも中国人がたくさん住んでいるし、中国企業も進出しつつある。いずれ中国がそこを占領することを、プーチンはわかっているのだろう。だからいま、シベリアにほど近いウラジオストクに莫大な投資をしているのだ。ロシアは極東をもっと開発しようと、できる限りの手を尽くしている。

メディアの反ロシアプロパガンダに騙されるな

私は違うが、ロシアを嫌う人は多い。みながロシアを嫌うのは、ヨーロッパやアメリカのプロパガンダのせいだ。アメリカのプロパガンダは、時には非常に効果的だ。たとえば二〇一四年から続くウクライナ内戦で、間違いを犯したのはアメリカだった。ウクライナ政府とウクライナ東部に拠点を置く親ロシア派の抗争が悪化したのは、アメリカが軍事介入をしたためだと私は考えている。しかし、アメリカは自分たちがウクライナを混乱させたことは棚に上げ、全部ロシアのせいにしているし、実際そう思っている人も多いだろう。韓国で、何でも北朝鮮のせいにされるのと似ている。韓国を取り巻く国際問題の多くは在韓アメリカ軍が原因だというのに、だ。

ロシアには、二〇一四年から欧米による経済制裁がなされてきたが、二〇一七年から二〇一八年にかけて、アメリカはロシアへの制裁圧力をさらに強化した。

また、ロシアがシリア・アサド政権へ武器の供与をしていることを批判して、トランプ大統領が「ロシア、覚悟しておけ。シリアではお前に向かってミサイルをぶっ放してやる」といった主旨のツイートをした途端、わずか数時間でロシアの株価が一二パーセントも暴落する、という騒ぎもあった。

確かに経済制裁は、短期的に見れば相手に一定の驚異を与えることができるかもしれない。しかし、結局のところは効果がない。制裁を課しても、相手はそれをうまく避けて悪影響を受けないようにすることを学ぶからだ。

ロシアの農業は、むしろ経済制裁によって繁栄している。アメリカへの輸出・アメリカからの輸入ができないから、国内需要に重きが置かれるようになり、それが契機となってロシア経済が好調になるという皮肉が起きている。アメリカはロシアを痛めつけようとしているが、それが逆にロシアを、とりわけロシアの農業を繁栄させているのである。

いまモスクワ空港は、中国人であふれている。モスクワの中心部にある「赤の広場」もそうだ。五年前は、ほとんどいなかったのに。中国とロシアはどんどん親密になっている。**トランプがロシアを痛めつけようとすればするほど、中国とロシアは距離を縮めていくだろう。**

ロシアの株価は、原油価格にも大きく左右される。ロシアの収入の多くは石油からなので、石油価格が下がればロシアは痛みを感じることになる。

一国の株価が、たった一つ、あるいは二つか三つの製品（産物）の株価に左右される例は、他にもある。たとえば綿の株価とパキスタン株は密接に関係している。綿はパキスタン最大の輸出品だからだ。綿の株価が高ければ、パキスタン株も調子がいい。ザンビアも、銅にかなり依存している。だから銅株を買うのもザンビア株を買うのも同じようなことになる。ロシアに関して言えば、石油が唯一の産物ではないが、ロシア株を語るうえでは確かに非常に重要になる。サウジアラビアもそうだ。

だから、ロシアに投資するよりも石油に投資する方が簡単だと言う人もいる。私もそれは否定しない。私がロシア株を買う理由は、誰も注目していないがゆえに安いからであるし、国の借金が少ないからでもある。

初めてロシアに行ったのは、一九六六年のことだ。非常に悲観的な気持ちになって帰ってきたことを覚えている。それから約五〇年にわたり、ロシアやその他似たような国についてずっと悲観的な気持ちを抱いていた。

しかし二〇一四年頃、私は考えを改めた。彼らは変わろうとしているのだから、自分も変化しなければならないのだと。いま私がロシアに抱いているのは、楽観的な気持ちだ。**ロシアは世界中から嫌われているが、私は嫌われている人や物が好きだ。**ジンバブエやベネズエラ、トルコもそうだ。みなから嫌われているものを、私は愛そうと思っている。

第五章　大変化の波に乗り遅れるな

前章までが「変わりゆく世界経済の見取り図」であるとすれば、本章はより具体的に「我々はいま、そしてこれから何をすべきか？」という問いに対する答えを示してくれる。

成功するには、自らがよく知る分野に投資すること、利益が出た時は何をおいてもまずは「ビーチでのんびり」すること……。半世紀近く投資に携わり、時には全財産を失ったこともあるジム・ロジャーズの投資哲学は、実にシンプルだ。

さらに本章では、現在の世界経済におけるお金の流れや、いま投資すべき対象は何か、さらに今後絶対に身につけておくべき具体的なスキルなど、「これからの時代を生き抜くための知恵」も伝授する。

投資は簡単ではないが、誰にでもできるコツがある

抜け道はないが、金が金を生んでくれる仕組みはある

人のアドバイスには耳を傾けるな

投資家の中には、朝一番にまず株式市場を確認するという人もいれば、時事ニュースを最初に見る人もいる。五〇年前ならば、多くの投資家は新聞にざっと目を通していただろうし、ラジオやテレビをつけて情報を得る人もいただろう。

私の場合は、まずメールだ。朝起きるとメールを開いて、何か劇的なことが起きているかどうか確認するのである。

多くの投資家は投資ネットワークを持っているが、私は常に一匹狼でやってきた。これか

らも、ずっと一人でやっていくだろう。投資業界の人間とは、実はそんなに話をしない。これまでの経験上、他人の言うことに耳を傾けるとたいていは損をする、とわかっているからだ。なかには投資業界の情報を集めてうまく活用する人もいるが、私はそういうタイプではない。だから他の人と投資の話をすることは滅多にないし、人のアドバイスに耳を傾けることも絶対にしないようにしている。

また、逆に「どんな銘柄を買おうとしているのか、具体名を教えてください」とアドバイスを請われる時も、具体的には答えないようにしている。私が言うと「ジム・ロジャーズが教えてくれた」と言って、相手は何でも買う。たとえ私がでたらめな銘柄を言ったとしても、自分が何を買おうとしているのかよく知りもしないままに財布のひもを緩めるのだ。そういう人たちは、私のアドバイスに限らず新聞やら誰か他の人の言葉やらをそっくりそのまま鵜呑みにして、考えなしに買ってしまうのである。まったくもって愚かな行為だと言わざるを得ない。

実際にあった話をしよう。もう二四年前のことになるが、テレビに出演した時のことだ。

そこで私はメキシコ株を空売りしている話をしていた。メキシコが破綻すると思っていたからだ。「Mexico Fund」という特定の銘柄名を出して、ニューヨーク証券取引所で空売りをした話をした。驚くなかれ、その三週間後にメキシコは完全に破綻した。通貨のメキシコペソが暴落し、メキシコは諸外国から五〇〇億ドルを超える緊急支援を受けることになった。

それからしばらく後、またテレビでメキシコ破綻について語っている時に、視聴者から一本の電話が入った。「クソ野郎のジム・ロジャーズ」と言うのだ。電話の主は、私がテレビで「Mexico Fund」と言うのを聞き、その株を買ってしまったというのだ。私は空売りしている話をしていたというのに。よく話を聞かず、また銘柄のことをろくに調べもしないから、そういうことになる。もし私の話をしっかり聞いて空売りをしていたら、大儲けしていただろうに。こういう話は、他にいくらでもある。だから私は特定の銘柄を口にしないようにしているのだ。

ジム・ロジャーズ流「情報の入手法」

私が参考にするのは、市井の人間からもらう、ごく普通のメールだ。日常的なメールに、業界の動向や株価の値動きの参考になるメッセージが隠れているのである。それらを参考に、自分の頭で考えリサーチをして、行動に移すようにしている。

新聞も購読している。かつては複数のアメリカ紙を読むのに加え、英国やカナダ、日本など五カ国の新聞を読んでいたが、いまは二〜三カ国に絞っている。日経新聞も昔は購読していた。

いま取っている新聞の一つは、**「フィナンシャル・タイムズ」**だ。日経新聞に買収されたが、私はいまでもイギリスの新聞——というより、国際的な新聞だと思って読んでいる。その他に購読しているのが、「ザ・ストレーツ・タイムズ」という新聞と、「ザ・ビジネス・タイムズ」というシンガポールの経済紙だ。

購読紙を減らしたのは、インターネットが台頭してきたからである。いまはネットで世界中のニュースが読める時代だ。特に外国の動きについては、ネットにアクセスした方が簡単で早い。五カ国の新聞を取っていたのは、そこまでネットが発達していなかった時代のことである。

学歴と成功は無関係

教育を受けて学歴を持つことは、昔から常に重要視されている。私も重要だと思う。少なくとも、仕事を得るのには役立つだろう。

ただ、いい学歴を得たからといって成功するとは限らない。私が卒業したイエール大学も、留学したオックスフォード大学も、どちらも世界的な名門大学だ。だが、イエールやオックスフォードに行って大成功したという人を、あまり見たことがない。それが有名大学の現実である。

オックスフォードを出た知人の多くは、「自分はオックスフォードに行ったから、金持ちになる。大成功する」と言っていたが、**世界は相手の学歴なんてどうでもいい**のだ。特に卒業して社会に足を踏み入れたら、どこの大学を出たかより、いかに仕事ができるかが重要になる。

私の娘たちは二〇一八年現在で一〇歳と一五歳だが、彼女たちにはこう言い聞かせている。「学校ではきちんと勉強して良い成績を取るんだよ。でも、良い成績を取ることが成功につながるわけではない。逆にマイナスになることもある」と。**良い成績を残せば、自分がやりたいことを選択することができる。**それこそが重要なんだ、と説明している。

学校の成績が悪ければ、たとえば東大に行きたいと思っても、行くことは叶わないだろう。東大に行こうが行くまいが、それはどちらでもいい。それはあなたの選択だ。ただ、成績が悪ければ、その選択さえできないのである。そういう意味で、成績がいいことは重要だ。教育は重要だ。いい教育を受けても成功するとは限らないが、教育は間違いなく、将来役立つ多くのスキルや選択肢を与えてくれる。

正しく投資をすれば、金が勝手に金を生んでくれる

娘たちが生まれた時、私が彼女たちに送ったプレゼントは、ブタの貯金箱だった。それも、アメリカドル用、シンガポールドル用など、通貨によって違う貯金箱を使い分けるようにいくつも買い与えた。決して、彼女たちを通貨投機家にしようとしたからではない。自分が住む国の通貨だけではなく、他の国の通貨も貯金しなければならないことを幼いうちから教えたかったのである。

投資とは、自分の金を使うことだ。全部使いたければ使ってもいい。でもきっと後悔することになる。というのも、貯金することを覚えれば、たとえ小さな利息でも金を稼ぐことができるとわかるからだ。

私は一三歳の時から、すでにアルバイトのような仕事をしていた。その頃から常に働いていたのだ。もらった金は、銀行に貯蓄していた。アラバマ州の、世界から取り残されたような小さな村だったから、それほどたくさんはもらえなかった。それでも、銀行に預けると利息がついた。それが、私の貯蓄に関する原体験である。娘たちにも、働いて金を貯めること、そしてそれを殖やすことを教えたい。勤労と貯金によって所得を得ることの価値を学ぶのは、一〇代のうちにしておくべきだというのが私の考えである。

さらに、投資することを学べば、金で金を生むことができる。自分が働いていない時でも、金は自分のためにそこに座っていて、あなたのために働いてくれる。なんとも素晴らしいことではないか。公園で遊んでいても野球を観に行っていても、金はずっと働いてくれているのだ。投資すれば、あなたの金はずっと働くことになる。正しく実行すれば、最終的には前より金持ちになれる。簡単な道のりではないが、勉強やリサーチを積めば可能なことだ。金持ちになれば、自分自身に満足し、子どもたちもあなたに満足し、その孫もあなたに満足する。国もあなたに満足してくれる。**頭を使って正しく投資をすれば、金が自動的に金を生む。それが投資の面白さだ。**

もう一つ、私にとって投資の面白さは、株式投資の場合、常に変化の渦中に身を置いていられるということである。すべてのことが毎分、毎時間、変化し続けている。パズルのピースが時々刻々と変わっているということだ。それは簡単なことではない。簡単であると思ってはいけない。でも私にとっては、エキサイティングなことなのだ。世界中の人と常に知恵比べをしているのだから。

子どもの頃は、ウォール街や投資のことはまったく知らなかったが、世界で何が起きているかについては常に興味を持っていた。大学を卒業してからウォール街へ行くと、自分が好きなこと――つまり、世界で何が起きているかを知ることで給料がもらえるとわかり、その瞬間にウォール街という場所に魅せられた。それからは投資にのめり込んだ。チリに革命が起これば、銅の価格が上がり、銅の価格が上がるとそれに伴ってありとあらゆるものが影響を受ける。言うなれば、遠い異国の地で起こった革命が、自分が知っている、そして行うすべてのことに影響を及ぼすのだ。

あなたは、世界で何が起きているかなんてどうでもいいと言うかもしれない。南アフリカで何が起きているのか、中国で何が起きているのか、自分には関係ないと言うかもしれない。しかし、**世界で起こる出来事のすべては、あなたの仕事が何であれ、最終的にあなたの人生に影響する**のだ。

成功する投資家になるためには、世界で何が起きているか常に把握しておかなければならない。それが投資の難しさであり、面白さである。

全財産を失って気づいた人生の哲学

「待つ」ことは時に行動するよりも大切だ

成功するために必要なたった一つのこと

投資をする際、どういう点に注目して決めるのか、といった質問をよく受ける。それについて本が六冊書けるくらい、複雑な質問だ。「三七ページを開けたらそこに答えが書かれている」というような単純なものではない。

たとえば私が見ているのは、会社を経営しているのはどんな人物か、会社の財政状態はどうか――借金はあるかないか。経営方針はしっかりしているか、競合他社はどれだけいるのか、会社のバランスシートはどうなっているか。業界に対する政府の見解はどうか、規制はあるのかどうか。また、机の上で資料とにらめっこするだけではなく、できる限り多くの個人や企業を訪ね、彼らの競合相手からも話を聞くようにしている。トヨタについて知りたい時は、ライバル企業である日産やフォードを訪ねるのだ。競合相手のことになると人は饒舌になるものらしく、いつも思わぬ収穫が得られる。

国に投資する場合は、投資先の国に足を運び、自分の目で真剣に確かめなければならない。国の状況や安定度、市民生活の現状など、詳しく調査する必要がある。

このように、検討する点は多岐にわたる。人材にも経営にも業界にも、深い知識を持っていなければならない。ウォール街で働き始めた頃は一日に一五社を梯子《はしご》したり、一週間で五都市を訪問したりすることも珍しくなかった。それでも苦にならず、毎日楽しくてたまらなかった。このようなやり方は、いまも変わっていない。

もちろん、市場の動向も逐一追いかける必要がある。最近の例としては、ＡＩの導入だ。ＡＩは市場で機能するかどうか。するとしたら、どんなＡＩが使われるか。忍耐強くリサーチを続けなければならない。

忍耐は、人生で学ぶべき美徳の一つだ。どんな学校でも、忍耐強さを身につけさせてくれるところはない。人生を歩みながら、自分で学ぶしかないのだ。歩みを止めることはできない。この信念は、イエールに入学した時から持ち続けているものである。

お世辞にも優秀な学生とは言えなかった私は、「これ以上知識を得ることはできないと思える瞬間まで、勉強する手を緩めない」と決めたのだ。**成功する人は、決してあきらめない人である。特に投資をやっているとそうだ。**

たいていの場合、市場は間違っている。儲ける人はごく一部で、ほとんどの投資家は損をするようにできている。投資家が損をする理由は、間違った行為を働くからだ。その間違った行為が、市場を間違わせる。だから粘り強くリサーチをしてから投資をする人――つまり正しい行為をする人は、金儲けの機会をきちんと手にすることができる。そういうわけで市場は最終的には正しいのだが、日々細かく見ていると間違っていると言える。

誰も目をつけていないものをすぐさま買え

投資のポイントを簡単に言い表せるなら、我々はみな大金持ちになっているだろう。投資の方法は、状況によってさまざまに異なる。テレビやネットには「こうすれば大成功する」

といったノウハウ術があふれているが、金持ちになるのはそう簡単なことではない。ノウハウ術はあまりに単純なので、みな「これなら自分にもできる」と感じるのかもしれない。自分にもアマゾンのような大企業が作れると思ってしまう。そんなに単純なことではないのに。

一つだけ「成功する方法」のようなものを挙げるとしたら、「誰も目をつけてないものをすぐさま買え」と言いたい。

一九八〇年代、コロンビア大学ビジネススクールで教鞭をとっていた頃のことだ。オーストリアが自国の証券取引所の規模を拡大しようとしている、という情報をどこかで目にした。国家が成長・繁栄するには証券取引所が多数所在し、国際金融取引が活発に行われるような金融センターが必要だが、オーストリアにはまだそのような場が存在しなかった。だから政府は金融センターを作ろうと躍起になっているのだ、と。

ちょうどその頃、オーストリアの財務大臣がたまたまニューヨークに滞在していた。私は早速、彼を自分の授業に招待した。財務大臣は授業でこう語った。「我々はまさに、証券取引所の拡大に着手しています。投資を促すべく、法令整備に注力しているところです」と。

国によっては、投資家により多くの株を買ってもらうよう、またより多くの企業が上場できるよう、税制上の優遇措置を提供することがある。まさにオーストリアは、そのような手段を用いて金融取引の規模を広げようとしていたのだ。

私はすぐさまニューヨークで一番大きなオーストリアの銀行の支店長に電話して、「オーストリアの証券取引所に投資したいので、君の銀行に口座を開きたい」と頼んだ。ところが、相手の返事はこうだった。「我々は証券取引所を持っていない」。返事を聞いて、私の胸は高鳴った。そそくさと礼を述べて受話器を置き、今度は旅行会社に電話をかけた。できるだけ早くウィーンに行きたいのだ、と伝えるために。

私はウィーンに証券取引所があることを知っているが、ニューヨーク支社の支店長は知らない——ということは、世界の大半の人も知らないだろう。オーストリア政府は、優遇措置を提供してまで、自国の証券取引所を知ってもらおうと懸命になっているというのに。そういう状況だと、株は格安で買える。それがわかっていたから、私はただちにウィーンへ飛んだのだ。着いてすぐに口座を開き、株を買った。買ったといっても、当時は二五銘柄くらいしかなかった覚えがある。

一九七三年にジョージ・ソロスと運用を開始した「クォンタム・ファンド」が成功したのも、**他の人が知りもしないところに投資したから**である。当時はまだ興味を持つ人が少なかった海外投資や空売りに、私たち二人は積極的に取り組んだ。結果、四二〇〇パーセントものの伝説的なリターンを得ることができた。

まだ多くの人間に知られておらず、政府が市場の存在を知らしめようと優遇措置を取っている——一見簡単に聞こえるが、このような絶好の機会は滅多にやってこない。もしやってきたら、急いで買わないと間に合わない。

だから、**もし北朝鮮に証券取引所が開設されたら、すぐにでも北朝鮮の株を買うべきである**。ただ問題なのは、北朝鮮に関しては、すでに多くの人が目をつけているという点だ。株式市場ができるのを、みな首を長くして待っている。北朝鮮以外に、誰も目を向けていない国を見つけなければならない。

すでに先の章で述べたが、ロシアもいい投資先だ。大半の人間はロシアを敬遠しており、そのためロシアの株は安くなっている。みなロシアに株式市場があることも知らない。だから多くのチャンスが眠っていると言える。安倍首相はロシアと友好関係を築こうとしている。ロシアと仲良くしておけば、いつか利益がもたらされることだろう。

トランプ大統領もロシアと友好関係を築こうとしているが、いかんせん、アメリカにはロシア嫌いの人間が多すぎる。ロシアは悪いという噂を振りまくことを仕事にしている人が多く、ロシア嫌いの政治団体もある。だからトランプは多くの人を敵に回さないといけない。安倍首相が知性を発揮すれば、ロシアはアメリカよりも日本の方に開いてくれるはずだ。

「待つことができる」のは重要な才能の一つ

新聞やネットで関心を引く銘柄が見つかっても、私はすぐには手を出さない。さらなるリサーチを開始する。私はこれまで手ひどい失敗をしたことが幾度となくあるが、失敗する時はいつもリサーチが不足していた。それを戒めに、リサーチは十分すぎるくらいに行う。

「これくらいの時間をかければ十分」と簡単に言うことはできない。投資先によって、リサーチの必要度合いは変わるからだ。もともと詳しい業界の株──たとえば私は砂糖については五〇年も投資をしているのでよくわかっているし、よく知っている国もある。新しい産業、新しい会社、新しい国であれば、より深く、一からリサーチを行うが、それには高いコストとリスクが伴うので、**自分がよく知っている業界や国に投資するのが一番**だろう。

熟知している分野がない場合、投資はしない方がいい。銀行に金を入れておいて、自分が十分な知識を持つ分野が出てくるまで待つのが賢明だ。ひどいインフレが起きると痛みを被るが、それでも利息がつくものにお金を入れた方が、下手に投資して大損するよりよほどましというものだ。

実は「待てる」ことも、投資家に必要な資質の一つである。**投資家に必要なのは、ほとんどの場合「何もしない」ことなのだ。**いままで何度もそうやって多くの人にアドバイスをしてきた。

ある場所に商機が見えたら、それは正しい判断である。あとは買うだけだ。でも逆に言えば、確実に商機が見出せるまでは、何もしてはいけない。たいていの人は、常に動き回っていなければいけないと思い込んでいる。常に株価を気にして、何か行動を起こさなくてはいけないと忙しくしている。でも、それは間違いだ。

また多くの人は——私を含めて——行動を急ぎすぎる。私はかつて、時代を先取りしすぎて失敗した経験が山のようにある。**確実に商機が見えるまで、辛抱強く待たなければならない。**世間の多くの人が、商機に気づくまで。

儲けの直後は、一番失敗しやすい時

特に、成功して儲けた時が要注意である。人はどうしても、もう一回大儲けしようと焦ってしまう。**儲けた時こそ、ビーチにでも行って何もせずにいるのが一番だ。**大成功すると、人はそれでのぼせ上がり、自分は賢い、金儲けをするのは簡単だと勘違いしてしまうのだ。それでまた駆り立てられるように投資に励み、失敗してしまうのである。

人は失敗すると、他人を責める。ブローカーを責め、テレビで偉そうな助言をしていた人を責め、ネットのアドバイスを責める。しかし、すべての失敗は自分のせいなのだ。十分なリサーチをしなかった自分が悪いのである。他人のせいにしてはいけない。

何度でも言うが、本当に投資家として成功したいのなら、他人の言うことに耳を貸してはいけない。自分が熟知しているものだけに投資をすればいい。スポーツであれ、車であれ、ファッションであれ、誰にでも熟知している分野はあるだろう。

このデザイナー、あるいはこのチェーンストアは、いつも私が好きなスタイルの服を作っている。だから成功するに違いない——。そう予感することが、あなたにもないだろうか。私自身はファッションに疎《うと》いのでまったくわからないが、詳しい人はパッと感知するはずだ。**このブランドは売れる、と。そういう予感こそが投資の始まりになる**のだ。売れる商品を作るから成功する、みなが買うものを出すから成功する。当たり前すぎて多くの人は気づかないが、投資はこういった予感から始まるのである。

ただ、何かに商機を見出したら、行動も伴わなければならない。行動というのは、入念なリサーチをして株を見つけ、買うことを指す。多くの人は、後から負け惜しみを言うのが得意だ。「あの会社が成功することは、一〇年前からわかっていたよ」とか、「あの時一〇〇円で株を買っていれば、今頃二〇万円にはなっていただろうなぁ」とか。口で言うのは簡単だ。でも「成功することはわかっていた」と言ってもいいのは、実際に一〇〇円で株を買い、二〇万円に殖やした人だけである。行動を起こさなければ、何の意味もない。

行動を起こした後は、寝ているだけでいい。その株が上がるのをのんびり待ち、売るべき時が来たら売る。売るべき時機というのも、その業界を熟知していたら自然とわかるものである。何かが変わってきた、品質を捨てて生産性に重点を置き始めた、**もう前ほどはいい商品が生まれていない、と感じたら売ればいい**のだ。

業界を徹底的にリサーチしていればその変化を捉えられ、売るべき時がわかる。そして大事なのは、繰り返しになるが、成功してものぼせ上がらないようにすること。成功した時こそ、ビーチに寝そべってくつろぐべきなのだ。

資産を三倍にした五カ月後に全財産を失って気づいたこと

というのも、私自身が成功にのぼせ上がって大損した経験があるからである。

ウォール街でビジネスを始めてすぐ、私は大成功を収めた。周りの人がすべてを失っている時に、私は五カ月で資産を三倍にしたのだ。自分は頭がいいと思い込んでしまった。でも、それがいけなかったのだ。その五カ月後、私は全財産をすっかり失ってしまった。

経験がない時に短期間で大金を手にすると、そういう失敗を犯してしまう。自分がやっていることが正しいと錯覚してしまうのだ。大失敗することで、自分は何もわかっちゃいないという現実を知ることができた。市場の方が私よりも賢かったことを学んだのだ。いい教訓になった。

失敗して金を失うことは何も悪いことではない、と私は常に人にアドバイスしている。失敗する人は多い。世界で最も成功した人も、その多くは失敗の経験がある。

ただ、失敗するなら二五歳の時にした方がいい。五五歳になってから大失敗するのでは挽回が大変になる。若い時の失敗は多くのことを学ばせてくれるし、世間というものも教えてくれる。若い時なら、失敗から立ち直って成功する時間と体力がある。

経済の変動に左右されない人生を送る秘訣

投資先から必要なスキルまで

世界金融危機から身を守る最善の方法

すでに述べたように、やがて世界を史上最悪の金融危機が襲う。**通貨の混乱やインフレから身を守るには、リアルアセット（実物資産）を持つしか方法はない。**

ドイツでは第一次世界大戦後、ひどいインフレが起きた。その時生き残ったのは、不動産や株に投資をしていた人だった。株でなくても、金《きん》や銀、切手でもいい。価値のある切手を持っていれば、それがリアルアセットになる。そうやって自分の身を守るのだ。それは時代が変わっても同じことである。

近年では、ジンバブエやベネズエラがいい例だ。ベネズエラでは、金《きん》が現地通貨で急騰している。リアルアセットを所有している人は生き残り、政府を信用しきっている人は金儲けをすることができない。特にインフレの時は、政府を信用してはいけない。ベネズエラでは、人がどんどん国外へ出て行っている。

アルゼンチンは過去一〇〇年の間に数回破綻したが、破綻するたびに人は金《きん》を買っていた。みな、そうやって自分の身を守ったのだ。トルコでも、現地通貨でいま金《きん》が急騰している。米ドルでは急騰していない。

金融緩和が進めばリアルアセットに資金が流れ込む。これは、歴史を通して変わらぬ真実だ。

特に二〇〇八年のリーマンショック以降、金融商品に対する信用は地に堕《お》ちた。いまは**世界的に見て、金融セクターから、実際にモノを作り出している産業へのシフトが起きている。**鉱山労働者や石油生産者、そして農業従事者に、世界の中心が移りつつある。天然資源が多く存在している市場は、このシフトのおかげでますます好調になっている。

世界中が紙幣を刷りに刷っているいまこそ、リアルアセットを持つべきである。世界の歴史を振り返ってみても、これだけ世界中が自国の通貨価値を低減させようと試みている時代はない。紙幣の価値が下がれば下がるほど、リアルアセットの価値が高まるのは当然の摂理だ。

これから絶対必要になる二つのスキル

いま、日本をはじめ各国から終身雇用が消えつつある。終身雇用を提供する余裕が、日本にはもはやないのだ。だから、ニッチなスキルが必要になる。そのスキルは教育を受けて身につけてもいいし、実社会に出て実践的に身につけてもいい。時代に合ったスキルを身につけることが重要だ。

私の母は、ついに電子メールを使うことができなかった。それでも構わなかったのだ。彼女はすでに八〇代で、電子メールなど使いたくないと言っていたのだから。しかし、四〇代、五〇代の働き盛りであれば、必ず時代に順応する必要がある。変化できない人に終身雇用を提供できるほどの余裕は、もはやどの国にもない。日本や韓国、中国のみならず、世界中で言えることだ。現代社会は、変化していることが多すぎる。その変化の波に乗れないと、いつか苦労することになる。

若い人なら、外国語を習得することも勧めたい。私に後悔していることがあるとすれば、若い時に外国語を習得しなかったことだ。**一つでも多くの言語がわかれば、入ってくる情報の量と内容が劇的に変わる。**アメリカを離れてシンガポールに移住したのは、二人の娘たちを英語と中国語のバイリンガルにさせるためだった。現在世界の共通語は英語だが、将来は中国語が世界を牛耳る言語になるとその時から確信していたのだ。移住して一〇年以上経ち、いまや娘たちは現地の人々と変わらないくらい中国語を流暢《りゅうちょう》に操る。

今後、日本では、海外の市場に頼らなければビジネスが成り立たなくなる。そのため、**とりわけ日本人にとって、外国語のマスターは必須事項と言ってもいい。**すでに英語が話せる人は、さらに中国語やスペイン語を身につけてはどうか。スペイン語も、中国語と同じくらい重要な言語だ。スペイン語ができれば同じラテン系のイタリア語やポルトガル語もわかるようになるだろうし、ラテンアメリカにも多くの人口、つまり市場とビジネスチャンスがある。

朝鮮語（韓国語）を学ぶという選択肢もある。第二章で述べたように、朝鮮半島の統一が実現すると、韓国・北朝鮮は世界で最もエキサイティングな場所になる。世界中の資本が朝鮮半島に流れ込むだろう。

私が日本人の若者なら、移住先はこの四カ国

自国以外の国にしばらく住むことも勧めたい。本を読むより、学校に行くより、外国に暮らすことの方が学ぶことは多いものだ。自分の国に戻った時には、以前よりはるかに自国のことがわかるようになっているだろう。

私が日本人の若者なら、どの国に移住するか——**韓国か中国、あるいはコロンビアかベトナム**へ行くだろう。

中国は、第三章で述べたように、毛沢東の時代から劇的な変化を遂げた。韓国もコロンビアもそうだ。一般的には「コロンビアは危険な国」というイメージがあるかもしれないが、そんなことはない。一時世界を賑わせた麻薬戦争のせいかもしれないが、関係者たちは戦争ですでにこの世を去ったか刑務所に入れられている。コロンビアでは気候上マリファナ（大麻）がよく育ち、医療用と産業用のマリファナは合法になっている。嗜好用マリファナもアメリカとカナダの多くの州では合法で、他の国でも合法になりつつある。「コロンビア＝麻薬＝危険」というのはプロパガンダである。コロンビアはいまよりもっと発展するだろう。

ベトナムは、大国・中国との国境沿いに位置する重要な国だ。人口は約九三〇〇万人。単一民族で、みな勤勉である。**多くの宗教や民族がない地域には、多民族・多宗教の地域より安定した未来が約束されている。**

アメリカはどうなのだ、と聞く人がいるかもしれない。世界一の経済大国で、株価も上り調子だ。だが、アメリカは私の選択肢にはない。世界最大の債務国で、前途有望ではないからだ。

かつて世界を制覇したイギリスがいまや見る影もなく衰退しているように、アメリカもいずれ衰退する。いま一〇歳の子どもだったらアメリカでの生活は楽しいかもしれないが、五〇年後、六〇年後、七〇年後、彼の地での暮らしは楽なものではなくなる。日本も、残念ながら同様だ。五〇年もすれば日本人はこの世からいなくなってしまうのではないかと私は危惧している。

ラドヤード・キプリングという、一九〇七年にノーベル文学賞を受賞したイギリスの詩人がいる。彼の「The English Flag」という詩に、こんな一節がある。

What should they know of England who only England know?

「イギリスのことしか知らない人が、イギリスの何を知っているというのだ?(イギリス以外の国に行ったことがある人は、行ったことがない人よりもはるかにイギリスのことを知っている)」という意味だ。これはもちろんイギリスのみならず、どの国の人にも当てはまるだろう。海外へ行くには多少の勇気がいるかもしれないが、後で振り返ればそれが人生で行ったベストな決断になると、私は断言できる。

第六章　未来のお金と経済の形

ＡＩ（人工知能）に代表されるテクノロジーの進化が、経済、そしてお金の流れを変えてゆくのは間違いない。とりわけフィンテックやキャッシュレス経済は、我々の暮らしをダイレクトに変貌させるだろう。それに伴い、衰退する産業、勃興する産業が現れるのは歴史の必然である。

さらに、仮装通貨やそれを支えるブロックチェーン技術の台頭など、「お金」を巡る状況はここ数年で大きく変化している。

「投資の神様」ジム・ロジャーズは未来のお金と経済の形をどのように見ているのか？

本章では、来るべき新しい経済の姿を考える。

ＡＩで消える産業、伸びる産業

フィンテックにより、金融業界は激変するだろう

ゴールドマン・サックスのトレーダーが六〇〇人から二人に減った理由

未知の世界に足を踏み入れるのは一見怖いかもしれない。しかし冒険することは人生を豊かにし、最終的にはすばらしい価値をもたらしてくれる。

二〇一八年六月二十一日、私はまた一つ新しい世界に足を踏みだした。ＡＩを使った上場投資信託（ＥＴＦ）、「ロジャーズ・ＡＩ・グローバル・マクロ・ＥＴＦ（ＢＩＫＲ）」を立ち上げ、会長に就任したのだ。

ご存じのように、多くの投資家はフィンテックの世界に移行しつつある。すでにコンピュ

ータによる投資システムを確立している彼らに、会長になってほしいと頼まれたのだ。彼らは若くて才気にあふれている。もちろん二つ返事で引き受けた。

うまくいくかどうかは、正直まだわからない。一〇年後には結果が出ているだろう。もしコンピュータのシステムが、我々が思うくらい優れていれば、きっとうまくいく。

私はコンピュータの分野に明るいわけではない。それでも、投資に関する助言と、いままで積み重ねてきた経験や知識を与えることならできる。そうやって私の持つすべてをＡＩに分け与えた後、自分の代わりに投資をさせるのだ。

ＢＩＫＲの職員たちは、みな若い。ＡＩに携わっている人たちはみな若い。我々人間にできることは限られているが、ＡＩは人間の可能性を軽く凌駕する。より早く、正確に、多くの作業を進められる。いずれ――私が生きている間はまだだろうが、その後は――ＡＩが人間に取って代わる日が来るのではないだろうか。

金融業界でも、ＡＩは人間より優秀だと言われており、すでに人員カットが進んでいる。

たとえばゴールドマン・サックス。二〇〇〇年、ニューヨーク本社の現物株式取引部門に配属されていたトレーダーは六〇〇人だったのが、二〇一七年にはわずか二人に減ってしまった。

ＡＩやブロックチェーン技術により、いま存在している銀行は消えるだろう。銀行という存在は残るかもしれないが、いま銀行が果たしている機能はすべてインターネットに移行する。極端なことを言えば、日本にある銀行の店舗はいずれ老人ホームになるかもしれない。新しいテクノロジーについていけない老人たちだけがリアル店舗を訪れるということだ。同じことが世界中で起きる。

古いビジネスが淘汰される時代は、新しいビジネスが生まれるチャンス

ただ、ＡＩの台頭で人間の出番はなくなるのかと、悲観的になってはいけない。消える産業もあれば、伸びる産業もある。歴史的に見て、古いビジネスが淘汰される時というのは新しいビジネスが生まれるチャンスでもあるのだ。電気の発明が多くの人を倒産させ、同時に多くの人に雇用を生み出したように。鉄道業が廃《すた》れた時、代わりに自動車業が興隆したように。

伸びる産業というのは、たとえば技術者が携わる分野だ。着目すべきは北朝鮮で、彼の地

では新しい産業が次々に生まれている。

新しい産業として絶好の例が、アマゾン、フェイスブックやグーグルなどだ。アマゾンは多くの産業を破壊したが、同時に多くの産業を助けもした。個人商店など小売業者が簡単にオンライン商店を作って出店できるようになったし、ＡＷＳ（アマゾンのクラウドサービス）によって個人も企業も格安で設備投資ができるようになった。

もしＡＩが投資に有効であるなら、ほとんどの投資会社はＡＩに取って代わられる。これは逆に、**自分でリサーチをしてＡＩが見逃すものを見つけることができる人にとっては大きなチャンスがある**ことを意味している。たとえば、ＥＴＦの中に入っていない株がそれだ。

ＥＴＦは株のバスケットのようなもので、市場全体に投資することで一度に複数の株を買うのと同じ効果が得られる。一つひとつの銘柄を事細かにリサーチせずとも、簡単に分散投資ができる。リサーチに時間と気力をかけられないなら、ＥＴＦに投資するのがいいだろう。私は怠惰だから、良さそうなＥＴＦがないかいつも探している。

しかし、ＥＴＦからこぼれている株も多くあるのだ。非常に安く、誰も目をつけていない――ＡＩさえ見逃している株が。自分でリサーチする気持ちがあれば、あなたは大成功することができるだろう。

ETFは賢い投資先か否か

ETFは、実はまだ三〇年ほどしか歴史がない新しい金融商品だ。一九九〇年にカナダのトロント証券取引所に上場された「TIPS35」が世界初のETFだと言われている。

いまはずいぶん多くの投資がETFに集中している状態だ。二〇一五年には、もともとメジャーであったヘッジファンドへの運用資産額を、ETP（ETFと、その関連商品であるETCとETNの三つを合わせた総称）の運用資産額が上回った（図26参照）。確かにそれもうなずける。ヘッジファンドは高い運用収益を上げるが、その分、元手も高い。少しの変動で大きな損失が生じる可能性もあり、ここ数年ヘッジファンドの利益率は下がり続けている（図27参照）。世界的な経済不安が続く昨今、少ない元手で始められるETFに人気が集中するのも仕方ないだろう。

ただ、多くの投資がETFに集中している状態は**今後いったん下げ相場の局面が来ればETFに破壊的な影響が出る**ということも意味する。人は知識や自信がない時、ETFに投資

図26　ETFの運用額がヘッジファンドを上回った

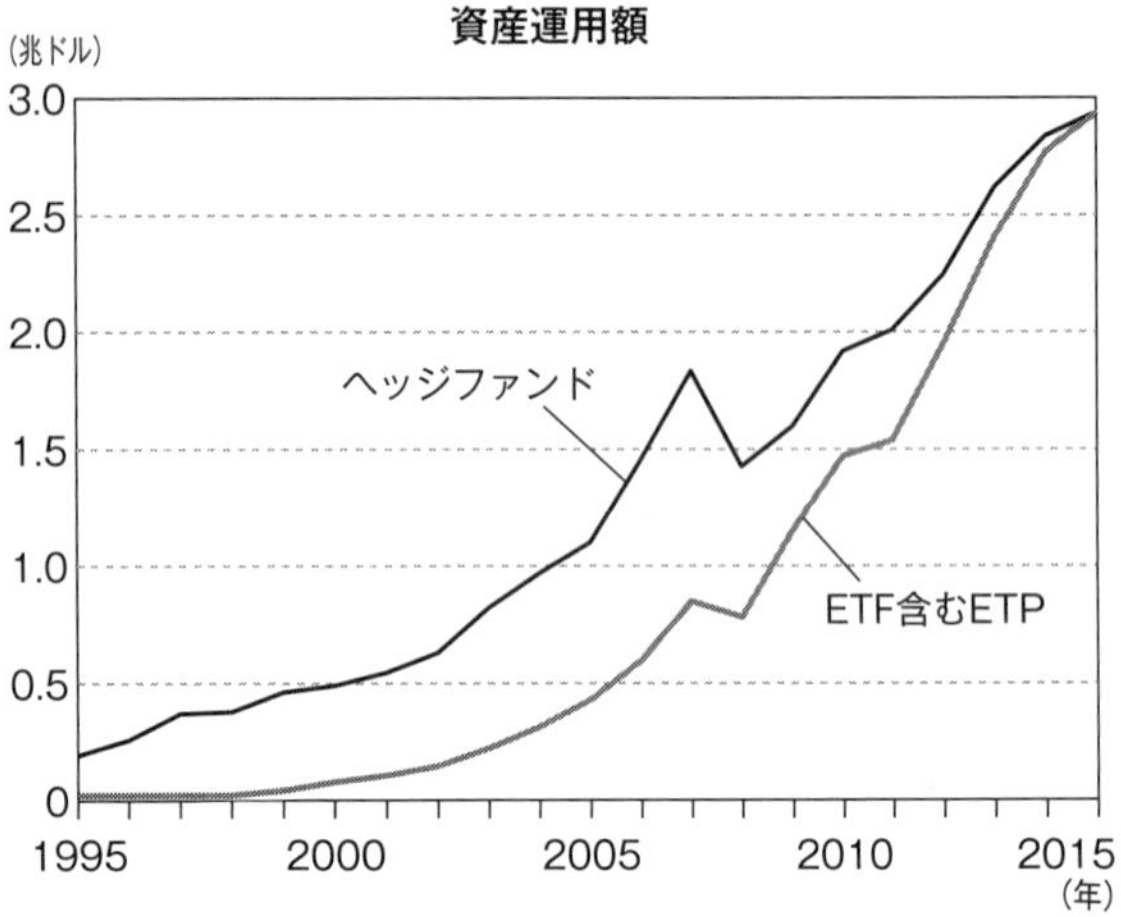

図27　ヘッジファンドの利益率は下がり続けている

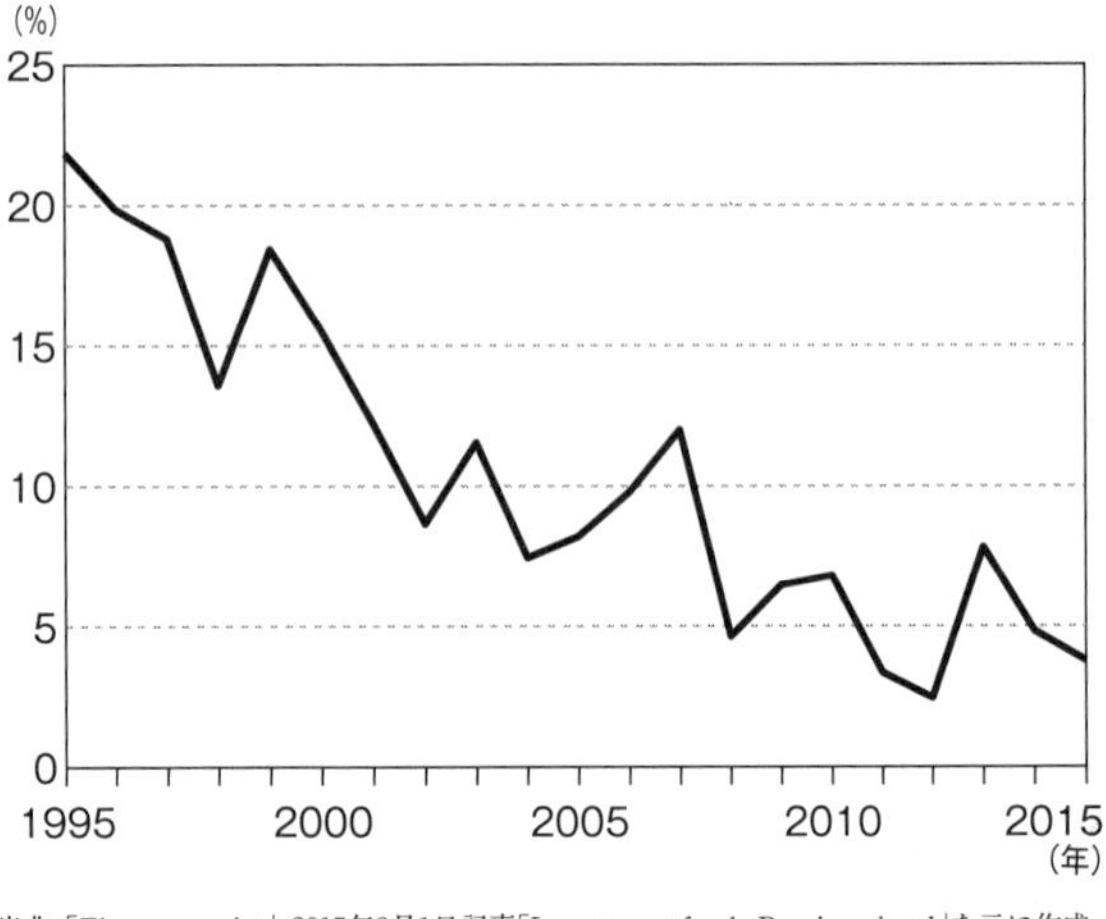

出典:「The economist」 2015年8月1日記事「Investment funds Roaring ahead」を元に作成

図28　ETF、ETP関連のファンドは増えているが倒産も多い

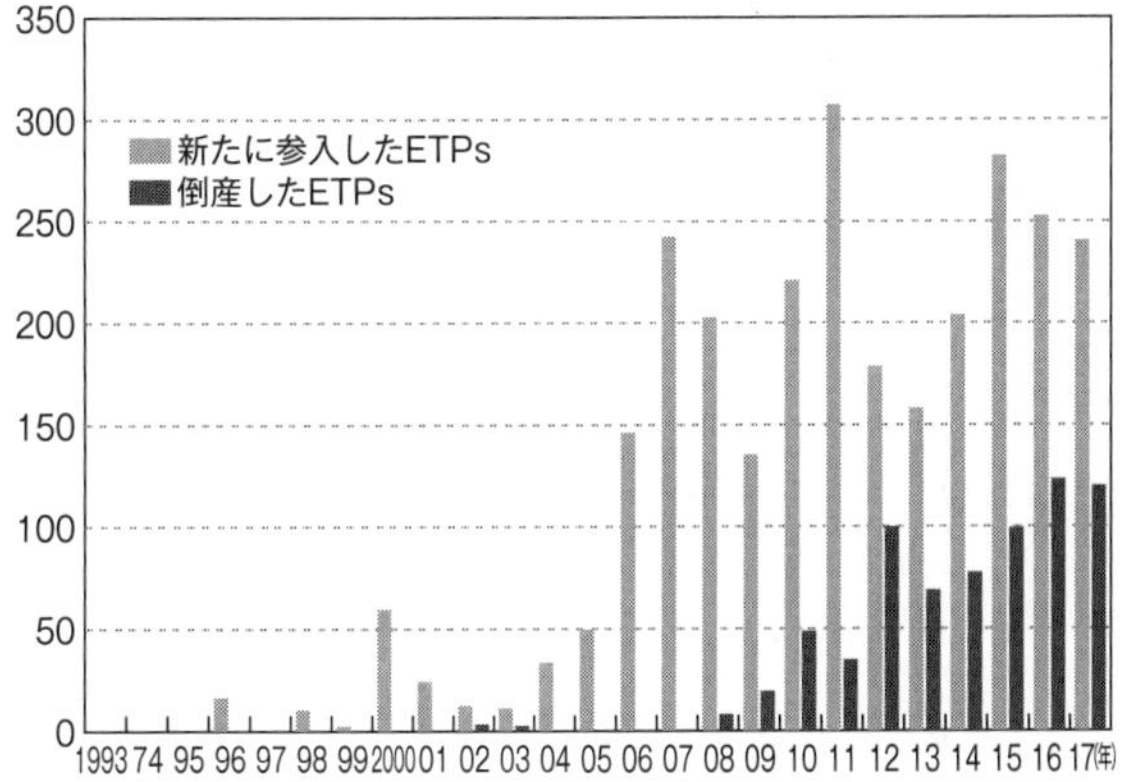

出典：「Market Watch」2017年11月28日記事「How the ETF market is both growing and shrinking, in one chart」を元に作成

する傾向にある。この状況は、もうすぐやってくるであろう弱気市場をさらに破壊的なものにする。というのも、人が株式を売却する時は、一斉に同じものが売却されるからだ。人々がETFを売却すると、ETFに入っている株の相場はすべて壊滅状態になる。

また、**ETFは急成長していると同時に同じくらいの勢いで縮小しつつある**ことも知っておかねばならない。特に二〇〇四年以降、世界中でETPの数は増え続けているが、二〇〇八年からその多くが清算されているのである（図28参照）。清算といっても、企業株のように破産するわけではない。各ETPのスポンサーが、採算が取れないと言って取引をやめてしまうだけなのだが、まだ歴史の浅い商品であるだけに、不安定な要素が多いと言えよう。

これから投資を始めるならETF以外の株を

運用資産の多くがETFに集中しすぎている現状は問題だ。だが、みなが同じ行動を取っている間に一人だけ自分の頭と時間を使って投資をすれば、あなたは大きな利益を手にできる。正直に言うと、**賢い投資家はいま、ETFに入っていない企業を探している。**ETFに含まれていない企業は取り残されていて、含まれている人気企業よりもはるかに安いからだ。

不景気になると、みな自分が持っているETFを売ろうとする。みなが売ろうとするので、ETFに含まれているものが一番価格が下落する。ETFに含まれていないものも多少は下落するが、はるかに下がり方が小さい。

もし私が怠惰でなければ、すべての時間を費やして、ETFに含まれていない企業を探すだろう。「ETF銘柄一覧」と検索すれば、ETFに含まれている企業名がずらりと出てくる。そのリストに入っていないのが、ずばりお目当ての企業だ。

もしあなたがこれから投資を始めようというなら、やはりＥＴＦに含まれていない個別株を見つけるようにアドバイスする。ＥＴＦには優良企業が――それこそアマゾンもアリババも――たくさん含まれているから、もちろん「買うな」と言っているわけではない。あくまでも、もし私が若い投資家であれば、ＥＴＦに含まれていない株から始めると言っているだけだ。その分野は、希少価値も高い。多くの人はＥＴＦだけを相手にしている。その方が楽だし、ＡＩに見つけさせることもできる。

ＡＩの時代だからこそ、ＡＩにできないことを探す。それが成功への近道になる。

お金の形が変われば、経済も変わる

キャッシュレス経済を推進する政府の思惑を警戒せよ

キャッシュレス経済が塗り替える勢力図

インターネットとAIは、金融や投資の分野だけでなく、我々のありとあらゆる常識をすっかり塗り替えてしまった。AIはすでに多くの分野で活躍している。私たちよりも子どもの方がよく知っているだろう。

私の娘たちはそれぞれ二〇〇三年と二〇〇八年に生まれたが、彼女たちが大人になってから銀行へ足を運ぶことはもうないだろう。彼女らの子どもたちは、もっとそうだ。**銀行どころか郵便局にも医者にも行くことがないだろう。通貨もなくなる。**将来、金銭のやり取りは

図29　各国のキャッシュレス決済比率の状況(2015年)

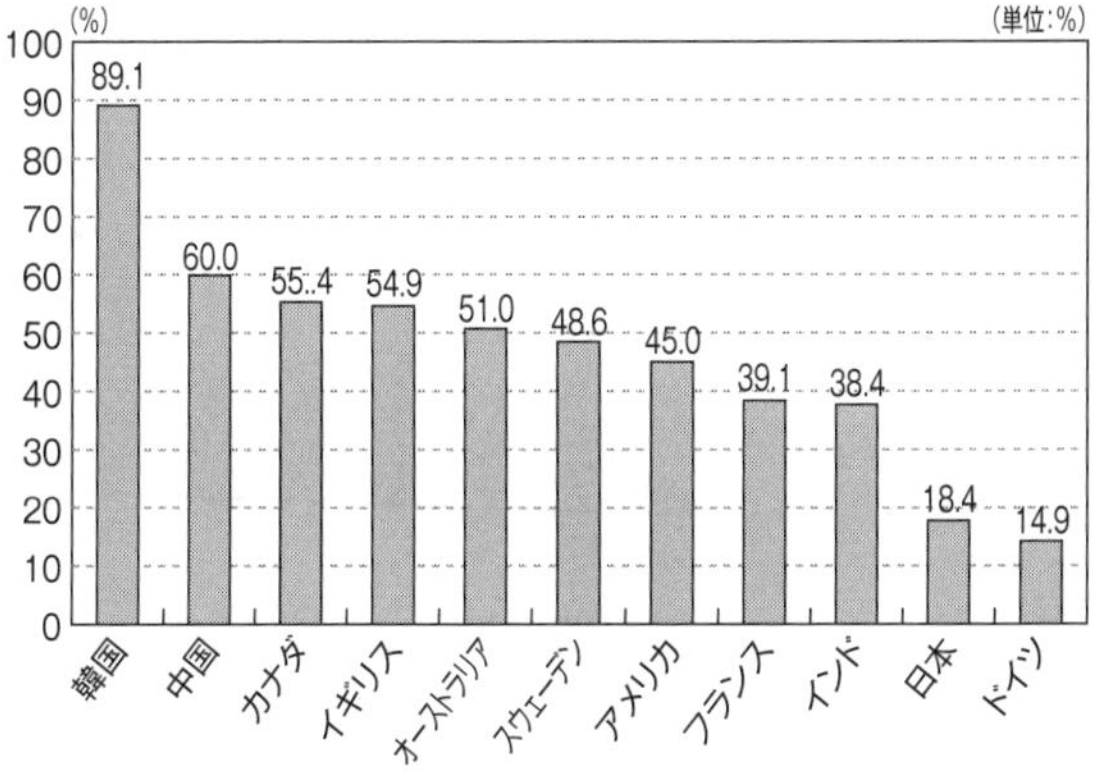

世界銀行「Household final consumption expenditure(2015年)」及びBIS「Redbook Statistics(2015年)」の非現金手段による年間決済金額から算出
※中国に関してはBetter Than Cash Alliance のレポートより参考値として記載
出典:経済産業省「キャッシュレス・ビジョン」(2018年4月)を元に作成

すべてコンピュータを介して行われるようになるため、通貨はいらなくなる。

世界の中でも、特に韓国や中国、北欧のスカンジナビア諸国ではキャッシュレス化が著しく進んでいる。韓国の商取引のうち、実に八九パーセントは現金を使わないキャッシュレス決済によって行われている。中国は六〇パーセント、スウェーデンは約四九パーセント。日本はまだ二〇パーセントに満たない(図29参照)。

最近、北京へ行った時のことだ。アイスクリームを買おうと現金を渡したのだが、一九歳の店員は私の紙幣を受け取ろうとしなかった。現代の中国では、金は紙切れの人民元ではなく、スマホに入っているものなのだ。皮肉なことだ。現金もスマホも持っていたのに、決済をするアプリをインストールしていなかったために私はアイスクリームの代金を支払うことができなかった。二〇一七年六月時点で、**中国都市部におけるモバイル決済の利用率は、実に九八・三パーセント**。現金を使うのは、もはや外国人観光客くらいなのである。最終的に店員はアイスクリームを無料でくれたのだが、もし私が買おうとしていた物がベンツや宝石などだったら、一体どうなっていただろうと思う。

キャッシュレス経済と各国の思惑

キャッシュレス決済は今後も世界中で進んでいく。誰よりも各国の政府が、積極的に通貨をなくそうとするだろう。政府は一刻も早く物理的な金をなくしたいと思っている。なぜなら、紙幣の印刷や貨幣の製造には莫大なコストがかかるからだ。紙幣・貨幣の運搬や保護にも、同じように莫大な経費がかかる。加えて、物理的な金はコントロールするのが難しい。たとえばいま私が誰かに一〇〇万円の束をポンと渡したとしても、当人たち以外の誰も知ることはない。政府はそれを敬遠するのだ。

金銭のやり取りがすべてコンピュータで行われるようになったら、政府は私たちの行動をすべて把握できるようになる。あなたがコーヒーを飲み過ぎていることも、映画に行きすぎていることも、政府は把握するだろう。あまり気持ちのいいものではない。

最終的に、政府は自前の仮想通貨を作って、それを使えと国民に強要することになるだろう。現に二〇一八年二月、ベネズエラ政府が政府公認の仮想通貨「オイルコイン」を立ち上げている。ベネズエラではハイパーインフレが続いており、その対策として作ったのだろう。政府の監視下にある仮想通貨がインフレを解決することなどできないと私は思うが、今後世界中でこうした仮想通貨作りが行われるのではないだろうか。

また中国やロシア、ブラジルでは、米ドルに代わる仮想通貨の導入が進められているという。米ドルには、八〇年以上国際取引を牽引してきたという歴史と信頼がある。それほど強い米ドルに代わる仮想通貨が作れるとは信じがたいが、同時に米ドルと同じ価値を持つテザー（USDT）なる仮想通貨も登場している。

一〇〇年前、人々は貝殻や金など、価値のある物なら何でも通貨として使っていた。物々交換も自由に行われていた。しかし世界大恐慌が大きな影響を及ぼした一九三〇年代、イギリスの定めたスターリングブロックによって世界はブロック経済へ舵《かじ》を切ることになる。イギリスは自国や自治領、直轄植民地に住む人々に「我々の中央銀行通貨（ポンド）を使わないと、背信行為になる」と言い渡した。結果、人々は貝殻や金などを使うことができなくなり、政府の発行するポンドだけで商取引をせざるを得なくなった。

これから投資するなら仮想通貨ではなくブロックチェーン

仮想通貨といえば、日本政府は二〇一六年、世界の中でもいち早くビットコインを貨幣として認定した。

ビットコインなどの通貨を使っている人は、「自分たちは政府より頭がいい」と言うかもしれない。確かにその通りだ。多くの人は政府より賢いだろう。しかし、政府は権力を持っている。政府がノーと言えば、つまり政府が「この仮想通貨を使うのは背信行為である」とひとたび言えば、あるいは「この仮想通貨を使いなさい」と法律を定めれば、どんなに立派な頭脳を持っていても、我々はその言葉に従うしかないのだ。

図30　ビットコインの対ドル価格推移

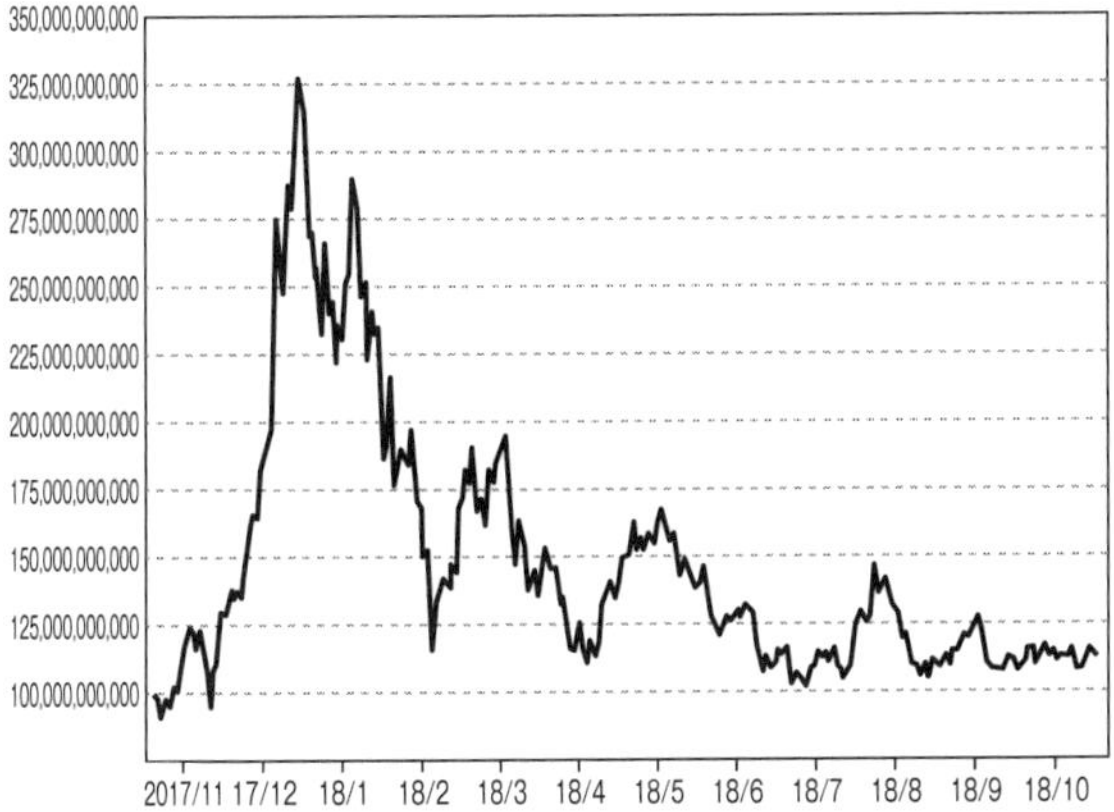

出典：Blockchain Luxembourg S.Aのデータを元に作成

私自身は、ビットコインはバブルであると思っている。ビットコインの適正価格が、私にはわからない。数年前には存在もしなかったものが、一〇〇倍、一〇〇〇倍にも高騰している。これがバブルでなくて何だろう。恒久的なものとはとても思えない。かのウォーレン・バフェットも、「ビットコインは投資というよりギャンブルで、利益を生むことはない」と言い切っている。そんな彼を時代遅れだと揶《や》揄《ゆ》する声もあるが、彼以上の金を動かしていない者に果たして彼を批判する権利があるだろうか。

二〇一八年一〇月時点で、ビットコインはすでに最高値から六〇~七〇パーセント下落している。ビットコインの対ドル価格推移グラフを見れば、一目瞭然だ。まっすぐ上に上がって、二〇一七年十二月中旬を境にまっすぐ下に下がった（図30参照）。**歴史上に起きた多くのバブルと同じ推移を辿っている。ビットコインがすぐに消えると思うのは、それが理由だ。**仮想通貨にもいろいろあるが、何千とある中で一種類か二種類は将来残るとしても、大半はいずれ消えて価値がなくなるだろう。

これから投資をするなら、ビットコインよりもブロックチェーン関連銘柄の方が望ましいだろう。**ブロックチェーンは仮想通貨とはまったく異なる新技術で、前途有望だ。社会に大変革をもたらすことになる。**

ブロックチェーンがまず導入されるのは、金融業界だろう。多くの銀行が駆逐される。もちろん多くの銀行業務関連の仕事も、消えてなくなる。それから自動車産業、通信産業にも波及し、その後はもう、ありとあらゆる業界に取り入れられる。学校の試験を受けるのも、ホテルの予約決済やタクシーの支払いを行うのも、中国でアイスクリームを買うのも、すべてブロックチェーンを通じて行われるようになるだろう。コンピュータは人間よりもはるかに早く、効果的に多くの業務をこなすことができるからだ。

ブロックチェーンで伸びる国はどこだ

ブロックチェーン産業により、特にアフリカは大きな躍進を遂げるだろう。

アフリカには、つい最近まで電話がなかった。欧米やアジアではかつて黒電話を使っていたが、そういう電話もアフリカには広まらなかった。それが昨今、アフリカでは一気にスマートフォンが普及している。電線を引くなどの途中経過を抜かして、一足飛びにスマホ社会になったのだ。それと同じことが、金融面でも起こる。アフリカでは、銀行を建てたり銀行員を雇ったりすることなく、まっすぐブロックチェーンへ進むだろう。**ブロックチェーンはアフリカで、金融だけではなく、輸送業など多くの産業も乗っ取ってしまうに違いない。**

すでにアフリカでは、モバイル通貨などの金融商品が普及している。先進国が築き上げたインフラやテクノロジーとはまったくしがらみがない、まっさらなマーケットだ。変化はきっと、ただちに現れることだろう。

アフリカ以上に早く変化が現れるのが、東アジアだ。東アジアはアフリカよりもはるかに多くのエンジニアを擁しているので、見事な躍進を遂げるはずだ。日本やアメリカが経たプロセスをすっ飛ばし、まっすぐブロックチェーンに向かうだろう。先に述べた通り、韓国や中国ではキャッシュレス化が進んでいる。キャッシュレス決済の割合が韓国で八九パーセント、中国で六〇パーセントというのは、どんな欧米諸国よりも高い数字だ。

個人的には、現在は投資するに値するＡＩ・ブロックチェーン関連の銘柄を探している段階だ。ＩＢＭもアリババも、すでにブロックチェーンに参入している。サムスンもだ。しかしブロックチェーンは、こういった大企業の中で大きな存在感を発揮するほどの主要産業にはまだ至っていない。サムスンがブロックチェーンで何をしようが、サムスンの株価が急上昇することはない。私が探しているのは、ブロックチェーンが会社全体の経営に大きな影響をもたらすような、中小規模の銘柄だ。

二〇一〇年代後半は「ＡＩとブロックチェーンの時代」

最近では、フィンテックによる世界初の銀行、「ＩＴＦ」が香港に本店を構える見通しだ。

私も出資者の一人である。まだ新しく、小規模なスタートアップ事業だが、今後の経過を楽しみにしている。うまくいくかどうかは、三〇歳そこそこの青年の腕にかかっている。

コンピュータを発明したのはＩＢＭではない。ほとんどの人は存在を知らないような、無名の会社が発明したのだ。その会社はすでに倒産してなくなってしまった。コンピュータ黎《れい》明《めい》期の頃は、何十、何百というコンピュータ会社があったが、どれも知名度の低い会社ばかりだった。その有象無象の中から大成功して生き残ったＩＢＭだけが、現在も名前を知られている。

フィンテックも同じだ。いまフィンテック関連の会社は世界に何十万とあるが、どれが勝利を収めるか私にはわからない。わかる人など、いるのだろうか。

間違いなく言えるのは、いまの時代、インターネットとＡＩ、ブロックチェーンは信じられないほど重要な位置を占めているということである。五〇年後に歴史家が二〇一八〜二〇一九年頃を振り返った時、きっと「ＡＩの時代」といった名前を付けるに違いない。「ブロックチェーンの時代」といったネーミングもあり得る。

我々は、こうした変化の時代を柔軟に乗り切っていかなくてはならない。

おわりに

思い込みから自らを解き放て

本書の冒頭から、私は「歴史を学べ」と繰り返し述べてきた。

私はイエール大学でアメリカ史とヨーロッパ史を、オックスフォード大学でイギリス史を学んだ。当時から**私は、より多くの本を読み、その膨大な知識の蓄積を一つに集約することで歴史を学んでいた。**

歴史書は事実に基づいて書かれていると思われているかもしれないが、実際は違う。人間には、誰しも思い込みや先入観というものがある。事実に基づいて書こうと思っても、書き手によって解釈は違ってしまうし、またあえて解釈を変えて書くこともできる。だから、さまざまな本を読んで、異なる視点を学ばなければならない。

ところで私がもし二一歳の時、十分に賢かったら、オックスフォード大学には行かず、中国に行っていただろう。もちろんオックスフォード時代は楽しかったし、すばらしい時を過ごしたが、いま振り返れば中国に行くべきだったと思う。その頃は、西洋だけではなく世界の歴史を学ぶことの重要性にまったく気づいていなかったのだ。

イエール時代は、歴史どころか投資のことさえよくわかっていなかった。ウォールストリートがニューヨークのどこかにあるとか、そこで一九二九年に何かひどいことが起きた（ウォール街の大暴落）ということは薄ぼんやりと知っていたが、詳しい知識は皆無だった。株式と債券の区別もついていなかった。歴史と投資を結びつけることもなかった。

いまなら、投資で成功するには歴史が重要であることはわかっているし、日本や中国などアジアが重要であることもわかっている。世界中を旅して、投資業界や教育業界などさまざまな場でさまざまな経験をしてきたからに他ならない。歴史書を山ほど読むことも大切だが、それを実際の経験に結びつけることも同じくらい重要かもしれない。

変化は恐れるものではなく、楽しむもの

本書の中で、ラドヤード・キプリングというイギリスの詩人の言葉を紹介した。

What should they know of England who only England know?

（イギリスのことしか知らない人が、イギリスの何を知っているというのだ？）

いま、私たちの世界は大変化のただ中にある。それを恐れるだけではなく、実際に訪れ、あなた自身の目で見てほしい。それはきっと楽しく心躍る経験となるだろう。

最後に、最愛の家族と、本書の刊行に尽力してくれたジャーナリストの大野和基氏、ＰＨＰ研究所の編集者・大岩央氏に感謝を捧げたい。

本書が、あなたの未来への一歩に役立つ一冊となれば幸いである。

シンガポールにて　　ジム・ロジャーズ

著者略歴
ジム・ロジャーズ［Jim Rogers］
名門イエール大学とオックスフォード大学で歴史学を修めたのち、ウォール街へ。ジョージ・ソロスと共にクォンタム・ファンドを設立、10年で4200パーセントという驚異のリターンを叩き出し、伝説に。37歳で引退後はコロンビア大学で金融論の教授を一時期務め、またテレビやラジオのコメンテーターとして世界中で活躍していた。2007年、来るアジアの世紀を見越して家族でシンガポールに移住。著書に『冒険投資家ジム・ロジャーズ　世界バイク紀行』『冒険投資家ジム・ロジャーズ　世界大発見』『ジム・ロジャーズ　中国の時代』（以上、日本経済新聞出版社）、『冒険投資家ジム・ロジャーズのストリート・スマート』（ソフトバンククリエイティブ）等がある。

訳者略歴
大野和基［おおの・かずもと］
1955年、兵庫県生まれ。大阪府立北野高校、東京外国語大学英米学科卒業。1979～97年在米。コーネル大学で化学、ニューヨーク医科大学で基礎医学を学ぶ。その後、現地でジャーナリストとしての活動を開始、国際情勢の裏側、医療問題から経済まで幅広い分野の取材・執筆を行なう。1997年に帰国後も取材のため、頻繁に渡航。アメリカの最新事情に精通している。編著書に『未来を読む』（ＰＨＰ新書）、『英語の品格』（ロッシェル・カップ氏との共著、インターナショナル新書）、訳書に『そして日本経済が世界の希望になる』（ポール・クルーグマン著、ＰＨＰ新書）など多数。近年はテレビでも活躍。

※本書の一部は、『日経マネー』2018年10月号、『マネー現代』2017年12月13日記事のジム・ロジャーズへのインタビューを元に再編集しています。

PHP新書

PHP INTERFACE
https://www.php.co.jp/

お金の流れで読む　日本と世界の未来

世界的投資家は予見する

(PHP新書 1172)

二〇一九年一月二十九日　第一版第一刷
二〇一九年二月十九日　第一版第三刷

著者――ジム・ロジャーズ
訳者――大野和基
発行者――後藤淳一
発行所――株式会社PHP研究所
東京本部――〒135-8137　江東区豊洲5-6-52
第一制作部PHP新書課　☎03-3520-9615(編集)
普及部　☎03-3520-9630(販売)
京都本部――〒601-8411　京都市南区西九条北ノ内町11
組版――有限会社メディアネット
装幀者――芦澤泰偉＋児崎雅淑
印刷所
製本所――図書印刷株式会社

ISBN978-4-569-84221-9

ＰＨＰ新書刊行にあたって

「繁栄を通じて平和と幸福を」（PEACE and HAPPINESS through PROSPERITY）の願いのもと、ＰＨＰ研究所が創設されて今年で五十周年を迎えます。その歩みは、日本人が先の戦争を乗り越え、並々ならぬ努力を続けて、今日の繁栄を築き上げてきた軌跡に重なります。

しかし、平和で豊かな生活を手にした現在、多くの日本人は、自分が何のために生きているのか、どのように生きていきたいのかを、見失いつつあるように思われます。そして、その間にも、日本国内や世界のみならず地球規模での大きな変化が日々生起し、解決すべき問題となって私たちのもとに押し寄せてきます。

このような時代に人生の確かな価値を見出し、生きる喜びに満ちあふれた社会を実現するために、いま何が求められているのでしょうか。それは、先達が培ってきた知恵を紡ぎ直すこと、その上で自分たち一人一人がおかれた現実と進むべき未来について丹念に考えていくこと以外にはありません。

その営みは、単なる知識に終わらない深い思索へ、そしてよく生きるための哲学への旅でもあります。弊所が創設五十周年を迎えましたのを機に、ＰＨＰ新書を創刊し、この新たな旅を読者と共に歩んでいきたいと思っています。多くの読者の共感と支援を心よりお願いいたします。

一九九六年十月

ＰＨＰ研究所